Anselm Grün

# Das kleine Buch der Engel

AF204591

**DAS BUCH**

Anselm Grün öffnet unsere Augen und Herzen für eine tiefere Wirklichkeit. Er teilt mit uns auf ganz persönliche Weise die Erfahrung eines Engels, der uns schützt und beisteht, damit unser Leben sich verwandeln und heil werden kann. Dieses Buch bringt die Seele zum Klingen, belebt und inspiriert.

**DER AUTOR**

Anselm Grün, Dr. theol., geb. 1945, Mönch der Benediktinerabtei Münsterschwarzach, geistlicher Begleiter und Kursleiter in Meditation, Fasten, Kontemplation und tiefenpsychologischer Auslegung von Träumen. Seine Bücher zu Spiritualität und Lebenskunst sind weltweite Bestseller – in über 30 Sprachen.
Sein einfach-leben-Brief begeistert monatlich zahlreiche Leser (www.einfachlebenbrief.de).

Anselm Grün

# DAS KLEINE BUCH DER ENGEL

*Wünsche, die von Herzen kommen*

Herausgegeben von Anton Lichtenauer

HERDER

FREIBURG · BASEL · WIEN

Neuausgabe 2024

© Verlag Herder GmbH, Freiburg im Breisgau 2004
Hermann-Herder-Straße 4, 79104 Freiburg
Alle Rechte vorbehalten
www.herder.de

Bei Fragen zur Produktsicherheit wenden Sie sich an
produktsicherheit@herder.de

Umschlaggestaltung:
Gestaltungssaal, Sabine Hanel, Rohrdorf
Satz: Arnold & Domnick, Leipzig

Herstellung: GGP Media GmbH, Pößneck
Printed in Germany

ISBN 978-3-451-03468-8

Anselm Grün

# DAS KLEINE BUCH
# DER ENGEL

*Wünsche, die von Herzen kommen*

Herausgegeben von Anton Lichtenauer

HERDER

FREIBURG · BASEL · WIEN

Neuausgabe 2024

© Verlag Herder GmbH, Freiburg im Breisgau 2004
Hermann-Herder-Straße 4, 79104 Freiburg
Alle Rechte vorbehalten
www.herder.de

Bei Fragen zur Produktsicherheit wenden Sie sich an
produktsicherheit@herder.de

Umschlaggestaltung:
Gestaltungssaal, Sabine Hanel, Rohrdorf
Satz: Arnold & Domnick, Leipzig

Herstellung: GGP Media GmbH, Pößneck
Printed in Germany

ISBN 978-3-451-03468-8

# Inhalt

# Wünsche, die von Herzen kommen

*Vorwort*

„Ich wünsche dir einen guten Engel, der dich begleitet." Wenn wir einem andern etwas Gutes
wünschen, verbinden wir unseren Wunsch oft mit
dem Bild des Engels. Wir wünschen, dass ein Engel
ihn begleitet und ihr beisteht, dass ein Engel sie
schützt und ihn davor bewahrt, einen Fehler zu
machen. Solche Wünsche kommen immer aus der
innersten Mitte des Menschen. In ihnen wende ich
mich mit meinem ganzen Herzen einem andern
Menschen zu. Ich spreche mit meinem Herzen.
Und Worte, die aus dem Herzen strömen, sind immer Worte der Liebe. Sie atmen Wärme, Zärtlichkeit, Verständnis und Nähe. Und sie verbinden sich
mit dem Herzen dessen, dem die Worte gelten. Sie
schaffen Beziehung: Etwas fließt zwischen den
Herzen hin und her.

Das deutsche Wort „Wunsch" wächst aus der Wur-
zel „gewinnen". Wenn ich jemandem etwas wünsche, wünsche ich ihm letztlich ja, dass sein Leben

gelingen möge, dass er sein Leben gewinnt und nicht verliert. „Gewinnen" bedeutet aber auch: „lieben, gern haben, zufrieden sein, Gefallen finden". Jeder Wunsch zielt darauf, dass der andere mit seinem Leben zufrieden und einverstanden sei und daran Gefallen finde.

Und noch ein anderes Wort hängt mit „wünschen" zusammen: „wohnen". Ich wohne dort, wo ich mich gerne aufhalte, wo ich Gefallen finde, wo ich „Wonne" erfahre. Wünsche, die aus dem Herzen kommen, laden also den Freund und die Freundin, denen ich meinen Wunsch zuspreche, ein, gerne in ihrem Herzen zu wohnen und im Einklang zu sein mit sich selbst.

Jeder Mensch sehnt sich nach Zuwendung. Es ist der ursprüngliche und elementare Wunsch des Kindes, dass sich der liebende Blick seiner Mutter ihm zuwendet und ihm zulächelt. Diese Urerfahrung, die dem Kind Daseinsberechtigung schenkt, vermittelt ihm: Du bist willkommen auf dieser Erde. Das wollen wir immer wieder erfahren. Die mütterliche Zuwendung ist Urbild des Segens. Im Segen wendet Gott mir sein leuchtendes Antlitz

zu, damit auch mein Gesicht zu strahlen beginnt.
Zuwendung und Segen gehören zusammen. Wer
immer nur Ablehnung erfährt, fühlt sich ausge-
stoßen. Er hört nur verletzende Botschaften, die
ihn ins Abseits drängen. Es sind keine guten Wünsche, sondern eher Ver-Wünschungen, die wie ein
Fluch auf einem Leben lasten können. So ist die
Sehnsucht nach Zuwendung letztlich eine Sehnsucht nach dem Segen. Jeder Mensch möchte ein
gesegneter sein. Das lateinische Wort für segnen,
„bene-dicere", meint, dass ich dem anderen etwas
Gutes sage: Ich spreche gut über ihn. Und ich spreche ihm auch etwas Gutes zu. Ich richte gute Wünsche an ihn. Es ist wie ein Geschenk: Ich lasse ihm
Gutes zukommen.

Der Engel ist der Inbegriff von Gottes Zuwendung
zum Menschen. Gott lässt den Menschen nicht allein. Er sendet ihm seinen Engel, damit er sich immer und überall von Gottes heilender und lieben-
der Nähe umgeben weiß. Ein Kind hat mich
einmal gefragt: „Glaubst du wirklich, dass der Engel mich nie verlässt, auch dann nicht, wenn ich
böse bin?" Diese Frage war sehr ernst. Offensicht-

lich sehnte sich dieses Kind danach, niemals allein gelassen zu werden, auch dann nicht, wenn es sich selber am liebsten verlassen wollte, weil es sich als unausstehlich erlebte. Der Engel drückt die Zuwendung einer solchen Liebe aus, die nicht bewertet, die Geduld hat. Es ist letztlich Gottes Liebe, die uns im Engel begleitet und uns das Gefühl gibt, nie fallen gelassen zu werden. Der Engel ermutigt: Gib dich nicht selbst auf. Diese Ermutigung gilt, auch und gerade, wenn wir uns selbst nicht aushalten und annehmen können.

Engel verbinden Himmel und Erde. So hat es Jakob in seinem Traum von der Himmelsleiter erfahren. Engel stiegen auf der Leiter auf und nieder, vom Himmel bis zur Erde und von der Erde bis zum Himmel. Diese Geschichte der Bibel zeigt: Engel öffnen den Himmel über uns. Sie berühren unser Herz.

Unser Herz ist für die frühen Mönche der Ort Gottes im Menschen. Es ist der Ort, an dem Gott selbst im Menschen wohnt. Das Herz ist der Ort, an dem Himmel und Erde sich berühren. Und zugleich ist das Herz die Tür, durch die ein anderer Mensch bei uns eintreten kann. Das Herz verbindet Menschen miteinander. Doch immer wenn zwei Herzen sich berühren, öffnet sich der Himmel über ihnen. Da steigen Engel auf der Himmelsleiter auf und nieder.

Die Engel, die ich dir, lieber Leser, liebe Leserin, in diesem Buch wünsche, kommen aus dem Herzen Gottes. Aber es sind auch meine ganz persönlichen Herzenswünsche. Engel mögen dich behüten, sie mögen dich einführen in die Kunst des gelingenden Lebens. Engel seien bei dir, wenn du dich einsam und verlassen fühlst. Ein Engel zeige dir den Weg, wenn du nicht mehr weiterweißt. Und ein Engel öffne dir die Tür zu deinem eigenen Herzen, damit du in dir selber den Ort entdeckst, an dem Himmel und Erde sich berühren, an dem Gott selbst in dir wohnt und dir so eine Wohnung bereitet, in der du gerne wohnst, in der du Gefallen hast an dir und deinem Leben, an Gott und an den Menschen.

# 1. Kapitel

# Boten einer höheren Macht

*Gottes Widerschein in unserem Leben*

# Eine andere Dimension

Alle Religionen kennen Engel: Boten Gottes, die den Menschen seine heilende Nähe verkünden. Engel sind in den meisten Religionen helfende und heilende Mächte, die Gott den Menschen sendet. Sie öffnen den Himmel über den Menschen. Gott ist heute für viele Menschen eher fern und unverständlich. Engel sind ein konkreter Widerschein Gottes in unserer Welt. Durch die Engel kommt der Mensch in Berührung mit den kreativen und heilenden Kräften seiner Seele. Auch die modernen Menschen sind für Engelerfahrungen offen. Diese Offenheit hat ihren Grund vermutlich darin, dass der Mensch sich gerade heute danach sehnt, dass in seine oft genug gnadenlose Welt des Geschäfts eine andere Dimension einbricht und wirksam wird. Er sehnt sich nach einer Welt der Geborgenheit und Leichtigkeit, der Schönheit und Hoffnung. Engel stehen deswegen für gelingendes Leben: für eine Liebe und Zärtlichkeit, die nicht die Brüchigkeit menschlicher Liebe aufweist.

# Herzenserfahrung

Jeder Mensch hat einen Engel. Niemand ist nur auf sich gestellt, so einsam er auch sein mag, so verlassen er sich auch fühlen mag. Wir kommen immer wieder auf diese Spur, dass Gott in jeder Situation einen Engel schickt.

Es geht vor allem darum, dass wir einfach das Vertrauen haben: Wir sind nicht allein. Und dass wir aus dieser Erfahrung heraus auch anderen Menschen zum Engel werden können.

Durch den Engel schickt Gott den Menschen eine Botschaft. Durch den Engel begleitet er den Menschen. Und durch ihn bewirkt er etwas im menschlichen Herzen. Denn der Ort, an dem Engel erfahren werden, ist das menschliche Herz.

# Gottes Boten

Gott ist nicht nur das ferne und unbegreifliche Geheimnis. Er greift konkret in unser Leben ein. Er schickt uns Engel in Menschengestalt, die eine Zeit lang mit uns gehen und uns die Augen öffnen für die eigentliche Wirklichkeit. Er schickt uns Engel, die uns im Traum einen Weg aus der Sackgasse heraus zeigen, die uns im Traum Heilmittel für unsere Seele reichen und uns die Fesseln lösen. Gott hilft uns durch den Engel, der in uns ist, in unserem Herzen, in unseren Gedanken, in den leisen Impulsen unserer Seele.

# Ein Raum des Vertrauens

Alles Sprechen über Engel braucht den Raum von Phantasie und Kreativität. Es braucht aber vor allem auch den Raum des Vertrauens. Eines Vertrauens, das von der Erfahrung heilender Nähe geprägt ist. Sowohl andere Menschen als auch Gott können einen solchen Raum des Vertrauens eröffnen. In diesem Raum eines ursprünglichen Vertrauens, das bis in die Dimension des Himmels reicht, kann man angemessen über Engel sprechen. Dazu brauchen wir die Sprache der Bilder. Nur Bilder können ausdrücken, was Engel sind und wie im Engel und durch den Engel unser Leben heiler und heller wird.

# Behütet und getragen

Zwei Bilder kennzeichnen den Engel: Er behütet uns. Und er trägt uns auf seinen Händen.

Das erste Bild sagt, dass der Engel über uns und für uns wacht, wenn wir unaufmerksam und unachtsam unsere Wege gehen. Behüten meint vom Wortstamm her, dass der Engel seinen „Hut", seine „Obhut" über uns wirft und uns schützend bedeckt. Er hüllt uns also gleichsam in seine heilende Gegenwart ein, damit uns die feindlichen Geschosse aggressiver Menschen nicht treffen und das Gift verbitterter Emotionen uns nicht schaden kann.

Das zweite Bild sagt: Der Engel trägt uns auf seinen Händen. Er nimmt uns also weg von der Erde, damit wir nicht ständig an die Steine stoßen, die im Weg liegen. Er trägt uns, damit die Hindernisse uns nichts mehr anhaben. Er hebt uns auf eine andere Ebene empor, von der aus wir deutlicher sehen können, was sich um uns herum abspielt, welche Spiele Menschen mit uns treiben.

Behütet von unserem Engel und von seinen Händen getragen, das heißt: Wir gehen nicht mehr auf in den Reibereien des Alltags. Wir können voll Vertrauen unser Leben wagen.

## Geschützt und geborgen

Jeder Mensch braucht im Haus seiner Seele besondere Räume des Schutzes und des schöpferischen
Versunkenseins. In diesem inneren Raum wohnen
die Engel bei ihm und führen ihn ein in die Leichtigkeit des Seins, in die Liebe und in die Lust am
Leben. Die Engel beflügeln seine Seele. Sie verleihen seinem Geist Flügel der Phantasie, damit er
sich abheben kann von der Banalität des Vorder-
gründigen und damit sich der Himmel öffnet über
der Leere seiner Wüste.

Die Engel vermitteln uns die Erfahrung, dass
wir in besonderer Weise geschützt und geborgen
sind. Wir sind nie ganz allein gelassen.

# In allen Lebensstürmen

Engel begleiten uns in alle Situationen unseres Lebens, in die Einsamkeit, in das Gefängnis, in die Angst, in die Depression, in das Grab unseres Selbstmitleids und unserer Resignation, ja bis in den Tod hinein.

Wenn du deinem Engel traust, wirst du erfahren, dass das Unsichtbare genauso wirklich ist wie das Sichtbare, dass Gott dein Leben trägt und dass du in Gottes guter Hand bist und in Gott feststehen kannst inmitten aller Stürme des Lebens.

# Im Haus der Seele

Unser Denken führt uns oft in die Irre. Wir denken nicht so, wie es der Wirklichkeit entspricht, sondern wir machen uns Illusionen über die Wirklichkeit. Wir hängen irgendwelchen Gedanken nach, die in uns aufkommen oder die andere uns aufdrängen. Wir denken, was alle denken. Unser Denken ist, unbewusst, von andern und von außen gesteuert. Wir sollen lernen, selber zu denken, so zu denken, wie es der Wirklichkeit entspricht und wie es unserem Lebensauftrag und unserer Berufung gemäß ist. Wenn wir das tun, freut sich unser Engel. Jeder Mensch braucht im Haus seiner Seele Engel, die sich mit ihm freuen, wenn ihm das Leben glückt. Er braucht Engel, die seinem Geist Flügel verleihen und sein Herz mit Freude erfüllen.

# Wegbegleiter

Engel gehören ebenso einer inneren wie der äußeren Realität an. Sie gehören auch dem Zwischenbereich an, der die irdische und die himmlische Welt, den konkreten Alltag und den göttlichen Bereich miteinander verbindet. Engel weisen von vornherein auf einen Erfahrungshorizont hin. Ich muss nicht an die Engel *glauben*: Engel *erfährt* man. Und sie bleiben in ihrer Ambivalenz zwischen Bildhaftigkeit und Realität. Menschen, die uns helfen, bezeichnen wir als Engel. Und wir haben eine Ahnung, dass da auch in unserem Innern ein Engel waltet, der uns die Augen öffnet für die eigentliche Realität, der unser bedrohtes Selbst zusammenhält, der uns auf unserem Weg begleitet und uns über die Schwelle des Todes ins ewige Licht hineinführt.

# Wesen und Aufgabe

Unser deutsches Wort „Engel" kommt vom griechischen Wort angelos: „Bote". Wir sollten uns, sagt Augustinus, weniger über das Wesen der Engel Gedanken machen als vielmehr über ihre Aufgabe: Gott schickt sie uns, um uns eine Botschaft zu verkünden, uns zu schützen, uns in konkreten Situationen zu helfen oder uns in Haltungen einzuführen, die wir brauchen, damit unser Leben gelingt. Natürlich hat sich die Theologie trotz Augustinus auch über das Wesen der Engel Gedanken gemacht. Sie sagt, dass Engel geschaffene Wesen seien und personale Mächte. Wenn wir diese abstrakten Begriffe in unser Leben übersetzen, so bedeutet es: Engel sind als geschaffene Wesen *erfahrbar*. Sie sind sichtbar. Spürbar. Menschen können Engel sein, die im rechten Augenblick in unser Leben treten, die uns auf etwas hinweisen, das für uns zum Segen wird, die rettend und helfend eingreifen, wenn wir nicht mehr weiter wissen.

# Keine Welt ohne Engel

Engel geben unserer Beziehung zu Gott etwas Menschliches. Gott schickt seine Engel in die konkreten Situationen unseres Alltags, immer wieder. Es gibt keine Situation, auch nicht die schwierigste, die ohne Engel ist, in der wir allein gelassen werden. Das ist die tröstliche Botschaft an uns Menschen – die die Dichter und Maler heute auf neue Weise verkünden: „Besser keine Welt als eine Welt ohne Engel" (Ilse Aichinger).

# Jederzeit

Wenn Engel Boten Gottes sind, dann ist auch die Zeit, die unsere Lebenszeit ist, jeden Tag, jeden Augenblick, ein solcher Bote. Friedrich Schiller sagt in seinem „Wallenstein": „Des Menschen Engel ist die Zeit." Das heißt: Die Zeit ist nicht nur etwas Zerstörerisches, etwas, was unser Leben „auffrisst" und uns auf ein Ende zustürzen lässt. In unserem Leben, in unserer ganz persönlichen Geschichte ist immer auch eine Botschaft anwesend, die uns auf die Kostbarkeit hinweist, die gerade in der Endlichkeit liegt, eine Botschaft, die jeden Augenblick wertvoll und kostbar macht. Der Engel der Zeit erinnert uns immer wieder daran, dass wir endlich sind. Und er schützt den Menschen davor, sein Maß zu verlieren. Er gibt ihm den Rhythmus an, der ihm gut tut. Der Engel der Zeit heilt auch die Wunden, die das Leben uns schlägt. Seine Botschaft ist eine, die uns motivieren kann: Jetzt ist der Augenblick, auf den es ankommt. Jetzt soll ich leben. Der Augenblick ist das Entscheidende.

Der Engel der Zeit lädt ein, die Vergangenheit loszulassen und auf die Zukunft zu vertrauen, die in Gottes Hand ist. Er tritt immer im Augenblick auf dich zu. Jetzt, in diesem Augenblick, rührt er an dein Herz, damit du dich seinem Anruf öffnest und die Schritte tust, die jetzt an der Reihe sind. Heute, jetzt, enthüllt er dir das Geheimnis deines Lebens.

# Unter einem größeren Schutz

Jeder Erwachsene hat wohl schon einmal die Erfahrung gemacht, dass er nahe daran war, in einer Gefahr Schaden zu erleiden. Da hat er auf der Autobahn überholt, ohne das Auto zu sehen, das schon auf der Überholspur fuhr. Es ist noch einmal gut gegangen. Viele sagen dann spontan: „Ich hatte einen guten Schutzengel." Oder jemand ist auf einen Stau zugefahren und konnte gerade noch bremsen. Oder sein Wagen hat sich überschlagen, und er ist heil ausgestiegen. Das sind alles Gelegenheiten, in denen wir daran glauben, dass uns ein Schutzengel vor Unheil bewahrt hat. In solchen Augenblicken glauben nicht nur überzeugte Christen an ihren Schutzengel. Da spricht manchmal auch ein Atheist von seinem Schutzengel. Da ahnt er, dass er unter einem größeren Schutz steht, unter einem Schutz, der seiner Macht entzogen ist.

# Beschirmt

Das „Buch der Bücher", die Bibel, ist voll von Ge-
schichten, in denen Engel in Notsituationen hilf-
reich in Erscheinung treten. Der fromme Beter von
Psalm 34 spricht von einer solchen Erfahrung und
ist überzeugt: „Der Engel des Herrn umschirmt
alle, die ihn fürchten und ehren, und er befreit
sie." (Ps 34, 8) Seine Erfahrung ist zeitlos: Der Engel ist wie ein Schirm um dich. Er breitet seine Flügel aus, damit du dich darunter bergen kannst.
Der Engel drückt Gottes Nähe aus, die dich schützt
vor der bedrängenden Nähe feindlicher Menschen. Dort, wo der Engel dich umgibt, kann dir
niemand schaden. Da erfährst du Freiheit und
Weite. Unter dem Schutz der bergenden Engelflü-
gel weißt du dich behütet und geliebt. Dort
kannst du aufatmen und fühlst dich frei.

Ich wünsche dir auf allen deinen Wegen den
Engel, der dich umschirmt und alles von dir abhält,
was dir schaden möchte.

# Schutzengel

Der Glaube an den persönlichen Schutzengel ist mehr als die kindliche Vorstellung eines niedlichen Engels, der mich überallhin begleitet. Wenn wir als Erwachsene an unseren Schutzengel glauben, dann werden wir nicht nur unsere Ängste vor den alltäglichen Gefahren auf der Straße und im Beruf und vor bedrohlichen Krankheiten überwinden. Der Schutzengel wird uns auch das Gefühl vermitteln, dass wir durch unsere persönlichen Krisen gestärkt hindurchkommen.

Der Glaube an den Schutzengel lässt uns auch die heilenden Energien entdecken, die in uns sind. Der Schutzengel hat uns schon in der Kindheit begleitet und uns bewahrt. Und er ist jetzt bei uns und in uns und wirkt heute schützend und heilend auf uns ein.

# Von Geburt an

Von Geburt an steht unser Leben unter dem Schutz eines Engels. Gabriel, einer der Engel, die in der Bibel mit Namen genannt werden, steht dafür. Sein Name bedeutet: Kraft Gottes oder Held Gottes. Seine Aufgabe wird im Evangelium des Lukas darin gesehen, die Geburt eines von Gott gesegneten Kindes anzusagen, einen neuen Anfang zu verheißen. Auch über unserer Geburt steht der Engel Gabriel. Gott hat ihn gesandt, damit durch uns etwas Neues in dieser Welt aufscheint, ein neues und einmaliges Bild Gottes. Und wir haben eine Sendung. Wir leben nicht nur einfach dahin. Es ist zu wenig, wenn wir bloß überleben. Wir sollten auf dem Hintergrund unserer Geburtsgeschichte erahnen, was unsere Sendung ist. Und wir sollten mit dem Engel in Berührung kommen, der über unserer Geburt wachte. Dann werden wir das Geheimnis erahnen, das wir sind. Und wir werden die einmalige Würde entdecken, die Gott uns verliehen hat.

# Auf allen deinen Wegen

Felix Mendelssohn-Bartholdy lässt in seinem Oratorium „Elias" immer wieder Engel auftreten, die den Propheten ansprechen und ihn trösten. Berühmt ist sein Engel-Quartett, in dem er die Worte aus Psalm 91 so vertont, dass die Engel in dieser heilenden Musik das Herz berühren und in es eintreten: „Denn er hat seinen Engeln befohlen über dir, dass sie dich behüten auf allen deinen Wegen, dass sie dich auf den Händen tragen und du deinen Fuß nicht an einen Stein stoßest." Man fühlt sich beim Hören dieser Worte wirklich behütet und auf Händen getragen. Es ist eine heilende Musik, eine Musik gewordene Gotteserfahrung.

# Weggeleit

Unser Leben kennt auch Irrwege und Umwege. Es
ist tröstlich zu wissen, dass uns unser Engel auch
hier begleitet. Er hat offensichtlich Geduld mit
uns. Er verlässt uns nicht, wenn unser Weg auch
noch so abschüssig wird. Wir dürfen vertrauen,
dass er sich irgendwann auf unserem Weg zu
Wort meldet und uns im Herzen eingibt, aufzustehen und den Weg zu wählen, der uns in die größere Lebendigkeit und Freiheit und Liebe führt.

## Deuter unseres Lebens

Die Engel, die uns begleiten, führen uns ein in das Geheimnis unseres Lebens. Sie decken den Sinn auf, wenn uns alles sinnlos erscheint. Ohne richtige Deutung können wir auch nicht richtig leben. So wie wir unser Leben deuten, so erleben wir es auch. Der Engel deutet uns das Leben so, wie Gott es sieht. Wenn wir seiner Deutung glauben, dann gelingt unser Leben.

# Entfaltungsmöglichkeiten

Wir alle brauchen bestimmte Haltungen, die uns helfen, damit unser Leben gelingt. Früher sprach man von Tugenden. Tugend – das war für viele vor allem eine moralische Kraftanstrengung und eine Leistung, die man im Leben zu vollbringen hat. Das kann leicht zur Vorstellung führen, als müssten wir Moralathleten sein. Dass uns Engel in unserem alltäglichen Leben, in unserem Streben und Mühen begleiten, ändert nichts an der Richtung, die wir selber unserem Leben geben sollten. Aber das Wissen darum hilft, dass wir uns nicht verkrampfen: Ich muss nicht alles selbst machen. Ein Engel steht mir zur Seite.

Engel sind für mich daher ein Bild für Gnade. Und, auf unser Leben bezogen, auch ein Bild für innere Fähigkeiten, für das innere Potential, mit dem ich frei und schöpferisch umgehe und das ich in meinem Leben entfalten kann.

# Von Kindheit an

Von Kindheit an wussten wir den Engel an unserer
Seite, ja wir wussten den Engel in uns als Quelle
heilender und schützender Kräfte, als Potential
des Kreativen, als hilfreiche innere Ressource. Engel führten uns ein in die innere Welt, in die die
Verletzungen der äußeren Welt nicht hineinreich-
ten. Sie vermitteln uns eine Aura der Würde, die
uns niemand nehmen konnte. Als Erwachsene
können wir anknüpfen an unsere Engelerfahrungen in der Kindheit. Aber wir können unsere Engel
nicht mit Kinderaugen anschauen. Wir müssen
sie als erwachsene, aufgeklärte Menschen
betrachten.

Für mich heißt, den Engel im eigenen Leben
sehen, dass ich die Fixierung aufgebe auf die Geschichte meiner Verletzungen und Kränkungen,
meines Scheiterns und meiner Niederlagen. Mit
dem Engel in Berührung kommen heißt für mich,
die Engelsspuren in meinem Leben entdecken.

# Engelsspuren – Lebensspuren

Engelsspuren nenne ich die heilsamen und heilenden Spuren, die in jedem Leben zu finden sind. Sie entdecke ich, wenn ich mich frage, wo ich mich als Kind wohl gefühlt habe, wo ich mich vergessen konnte, wo ich ganz aufgegangen bin in meinen Spielen. Was waren meine Lieblingsorte? Was habe ich da getan? Was habe ich am liebsten gespielt? Wo war ich ganz in meinem Element? Wenn ich diesen Spuren nachgehe, werde ich erkennen, dass ich nicht den kranken und kränkenden Eltern ausgeliefert war, sondern dass mich schon als Kind ein Engel begleitet hat. Der Engel hat es mir ermöglicht, dass ich trotz Verletzungen und vieler Mangelerfahrungen überlebt habe, dass ich gesund geblieben bin und meine eigene Lebensspur gefunden habe.

## Die Wüste wird zum Paradies

Es gibt Kinder, die erleben ihren Lebensraum oft als Wüste, als Einöde, in der sie sich einsam und verlassen vorkommen, in der sie vom Leben abgeschnitten sind. Alles ist leer, dumpf, ohne Sinn, ohne Beziehung. Es läuft einfach so weiter. Auf Dauer könnten Kinder in solch einer seelischen Wüste nicht überleben, wenn nicht immer wieder Engel für sie sorgen und ihnen dienen. Da entfaltet ein Kind trotz der äußeren Dumpfheit und Widrigkeit eine Lebendigkeit und Lebensfreude, Spontaneität und Phantasie, dass man sich wundert, woher es das hat. Es ist ein Engel, der in der Wüste für es sorgt.

# Kalte Herzen tauen auf

Wohl keine Zeit verzaubert Kinder so wie die Weihnachtszeit. Da ahnen sie, dass die Welt nicht nur kalt ist. Sie begegnen an Weihnachten nicht mehr den gefrorenen Gefühlen der Eltern. Selbst kalte Herzen tauen da auf und öffnen sich. An Weihnachten kommt den Kindern eine Liebe entgegen, die aus einer anderen Welt stammt. Und diese Liebe können sie am besten am Engel festmachen. Der Engel ist für sie Bild der reinen Liebe. Und er ist für sie eine Ahnung von einer heilen Welt.

# Bleibt bei mir

Vielleicht hilft es einem Menschen, der in seinem
Leben Verwundungen erfahren hat, bei der Bewäl-
tigung seiner Lebensgeschichte, wenn er sich die
wunderbare Tonarie aus der Kantate von Johann
Sebastian Bach zum Michaelis-Fest anhört. Dort
singt der Tenor:

> „Bleibt, ihr Engel, bleibt bei mir!
> Führet mich auf beiden Seiten,
> dass mein Fuß nicht möge gleiten.
> Aber lehrt mich auch allhier,
> euer großes heilig Singen
> und dem Höchsten Dank zu bringen.
> Bleibt, ihr Engel, bleibt bei mir."

# Wenn wir am Ende sind

Es ist eine häufige Erfahrung, dass uns gerade
dort, wo wir innerlich am Ende sind, ein Engel den
Himmel öffnet und unser Leben wieder auf Gott
hin durchlässig erscheinen lässt. Dort, wo wir
nichts mehr erhoffen, dort tritt plötzlich ein Engel
in unser Leben und lässt uns alles in einem andern
Licht erkennen. Wenn nach außen hin nichts mehr
geht, dann können wir nur auf dem inneren Weg
weiterschreiten, so dass unser Leben wieder gelingt. Dann entdecken wir auf diesem inneren
Weg unser wahres Selbst, das uns einen Ausweg
weist aus der Sackgasse, in die wir geraten sind.

## Segensraum

Im Innenraum unserer Seele hält der erlösende Engel seine schützende Hand über uns, damit das Unheile, das Zerstörende, in unserer Nähe uns nicht treffen kann. Nelly Sachs, die jüdische Dichterin, spricht vom Segensraum, den die Engel uns darbieten:

> „Engel auf den Urgefilden
> wie viel Martermeilen
> muss die Sehnsucht, zurück
> zu eurem Segensraum durcheilen!"

Die „Urgefilde", das ist jener Raum, der uns an den eigenen Ursprung führt und uns mit dem Urbild in Berührung bringt, das Gott sich von uns gemacht hat. Die Engel schützen den Segensraum, in dem Gott segnend seine Hand über uns hält, und wo wir von Gottes Kraft und Gottes Gnade umgeben sind.

# Hab den Mut

Hab den Mut, dein eigenes Leben zu leben. Du bist nicht festgelegt durch das Rad deiner Lebensmuster, die sich mit ihren spitzen Nägeln in dich einbohren. Ein Engel wird auch deine Lebensräder zerstören, damit du dein eigenes Leben leben kannst. Du bist nicht dazu verdammt, die Situationen des Verletztwerdens aus deiner Kindheit zu wiederholen. Das Rad ist zerbrochen. Du bist frei. Nun lebe aus der Weisheit, die Gott auch dir geschenkt hat.

## Trau deinem Weg

Welche Lebensmuster halten dich gefangen? Wo
fühlst du dich eingesperrt in die Vorstellungen, die
andere Menschen dir aufgedrängt haben? Trau
deinem eigenen Weg. Brich aus dem Turm deiner
alten Lebensmuster. Geh deinen Weg zu Freiheit
und Leben. Auch wenn der Turm mit seinen dicken
Mauern dir scheinbar keine Chance lässt für den
eigenen Weg, trau der Kraft, die in dir ist, unter allen Panzerungen innerer und äußerer Zwänge.
Trau dem Engel, der dich begleitet und dich he-
rausführt aus deiner Einkerkerung, der in dein Gefängnis tritt, um deine Wunden zu heilen und dir
deine ursprüngliche Schönheit zu schenken.

# Entdecke, wer du bist

Gott hat nicht zu klein von dir gedacht. Er hat dir viele Engel zur Seite gestellt, die dich einführen wollen in das Geheimnis des Lebens. Vertraue darauf, dass auch dich ein Engel begleitet und dass dir immer der Engel geschickt wird, den du gerade brauchst. Vertraue darauf, dass du dem Engel begegnest, der dich gerade in deiner Situation herausfordert und weiterführt. Wenn du deinen Engeln traust, dann wirst du entdecken, wer du eigentlich bist und wozu du fähig bist.

Traue dir selbst zu, dass du wertvoll und einmalig bist, dass du einen weiten Horizont hast und einen göttlichen Glanz der Seele.

# Traum-Botschaften

Von jeher glauben die Menschen daran, dass es ein Engel ist, der uns einen Traum sendet. Der Engel kann uns durch den Traum vor Gefahren warnen. Er kann uns aber auch die Wirklichkeit deuten, damit wir sie richtig verstehen. Und er kann uns eine Verheißung geben, eine Frohe Botschaft verkünden. Er zeigt uns an, wenn etwas Neues in uns geboren werden will. Der Engel im Traum begleitet unseren inneren und äußeren Weg. Er sagt uns, wann wir zu neuen Ufern aufbrechen und wann wir wieder heimkehren sollen.

# Ein innerer Schatz

Manchmal zeigt uns der Engel im Traum eine Welt, die ganz anders ist als die öde Wirklichkeit, in der wir leben. Er zeigt uns eine Welt voller Lebendigkeit und Buntheit. Gerade bei Menschen, die in einer sehr eingeengten Umwelt leben, die von andern bestimmt und drangsaliert werden, eröffnet der Traumengel eine weite Welt, in der sich der Träumende frei und voller Phantasie fühlt. Der Traum zeigt uns den inneren Schatz, den uns niemand rauben kann. Und oft genug gibt er bei Menschen, die sich krank fühlen und keine Hoffnung haben, dass sie aus ihren krankmachenden Mustern herausfinden, den Beginn der Heilung an.

## Sei achtsam

Die Träume in der Nacht schaffst du dir nicht
selber. In ihnen spricht Gott zu dir. Und die
Träume, in denen dich die Engel Gottes bei Nacht
besuchen, zeigen dir manchmal Wege zum Glück.
Oder sie machen dich glücklich, wenn in ihnen ein
helles Licht deine Seele durchstrahlt oder wenn etwas, was dir in der Realität Angst macht, in einem
freundlicheren Licht erscheint. Die Nachtträume
können Quellen des Glücks werden. Sie führen
nicht von der Wirklichkeit weg, sondern lassen die
Wirklichkeit mit neuen Augen anschauen.

Die Träume zeigen dir die Hintergründigkeit
des Seins auf. Denn sie verweisen auf den göttlichen Grund aller Dinge und auf die Freude, die in
allem anwesend sein kann.

Sei achtsam auf diese Wirklichkeit.

# Im Schlafen und im Wachen

Der Engel des guten Schlafes möge jede Nacht zu
dir kommen, um deinen Schlaf zu behüten. Er
möge auch den Engel des Traumes zu dir senden,
damit er dir im Traum Weisung schenkt, wie du
dein Leben gestalten sollst. Ich wünsche dir, dass
der Engel über dich wacht, wenn du schläfst, und
dass er dich jeden Tag erholt und mit innerer Zuversicht aufwachen lässt, damit du im Aufstehen
spürst, was das Geheimnis des Lebens ist. Ich
wünsche dir, dass du heute deine Engelsspur in
diese Welt eingraben darfst.

# Aufgeweckt ins Leben

Der Engel, der uns aufweckt aus unserem Todes-
schlaf, kann auch ein Wort sein, das wir hören oder
das wir irgendwo lesen. Wir haben es vielleicht
schon oft überlesen. Aber jetzt auf einmal trifft es
uns und rüttelt uns wach. Es kann die Erfahrung
eines inneren Friedens sein, der auf einmal in uns
aufbricht. Und der Engel kann in uns selbst sein. Er
kann uns durch ein Traumbild auf Möglichkeiten
hinweisen, die wir übersehen haben. Oder er lässt
in uns eine Einsicht wachsen, die uns wieder aufstehen lässt. Wir wissen es oft nicht, woher der Engel kommt. Auf einmal fühlen wir uns angerührt
und aufgeweckt.

# Aufstehen und handeln

Das klassische Abendgebet ist immer auch ein Gebet um gute Träume: „Herr, kehre ein in dieses Haus und lass deine heiligen Engel hier wohnen. Sie mögen uns behüten, damit wir in Frieden ruhen. Und dein Segen bleibe allezeit über uns." Wir beten, dass Gott seine heiligen Engel senden möge. Sie sollen uns Antwort geben auf unsere Fragen. Sie sollen uns eine Lösung aufzeigen, wenn wir nicht weiterwissen. Sie sollen uns helfen, uns richtig zu entscheiden. Die Engel machen uns im Traum auf Gefahren aufmerksam, die uns drohen. Sie geben uns aber auch die Heilmittel an, die wir brauchen. Der Engel im Traum ist ein wichtiger Begleiter auf unserem Weg. Er schenkt uns die Gewissheit, dass Gott wirklich bei uns ist und in unser Leben eingreift.

## Leichtigkeit des Seins

Wenn wir die Engel betrachten, die über der Weihnachtskrippe jubilieren, oder die Putten, die die Barockzeit überall in den Kirchen platziert, dann spüren wir etwas von der Leichtigkeit, die sie ausstrahlen. Sie nehmen das Leben nicht so ernst wie wir. Sie schweben und fliegen über manches hinweg, an dem wir uns festbeißen oder anklammern. Die Künstler haben sie entweder jugendlich oder sogar kindlich gemalt, verspielt, innerlich frei und froh. Das zeigt: Sie haben etwas von der Leichtigkeit der Engel verstanden, indem sie uns gerade diese Eigenschaft vor Augen halten.

# Einladung

Innere Lebendigkeit ist eine Kraft, die nicht aus der Selbstbezogenheit, sondern aus der Selbstvergessenheit kommt. Selbstbezogenheit macht schwer. Selbstvergessenheit macht leicht. Sie führt zu einer inneren Beschwingtheit, zu einer tänzerischen Bewegtheit. Auch diese Haltung der Selbstvergessenheit kennt ihren Engel: „Lerne tanzen, sonst wissen die Engel im Himmel mit dir nichts anzufangen", sagt Augustinus. Und der Kirchenvater Hippolyt nennt Christus den Vortänzer im himmlischen Reigen. Die Engel sind seine Mittänzer. Und sie laden jeden, der in die Herrlichkeit des Himmels gelangt, ein, mitzutanzen und im Tanz die reine Freude, die reine Freiheit und die reine Schönheit zu erleben. Nehmen wir ihre Einladung an!

# 2. KAPITEL

# Füreinander Engel werden

*Damit wir besser miteinander leben*

# Entgegenkommend

Im anderen Menschen kommt mir etwas entgegen, was meinem Zugriff entzogen ist, etwas Heiliges, das ich achten soll wie einen Engel. Im anderen Menschen leuchtet etwas Göttliches auf. Wenn ich es achte, kann ich mich daran erfreuen. Wenn nicht, werde ich auch blind für meine eigenen Bedürfnisse.

## Aufgerichtet

Den anderen achten heißt: ihn gelten lassen, ihn ernst nehmen. Achten ist mehr als Beachten. Es hat mit Aufmerksamkeit zu tun. Ich achte den, auf den ich aufmerke, dem ich zuhöre, für den ich mich interessiere. Das deutsche Wort „achten" hängt mit „nachdenken, überlegen" zusammen. Den anderen achten heißt, dass ich mich in ihn hineindenke, dass ich über ihn meditiere, mich einfühle, wie es ihm gehen könnte und was ihm gut täte.

Ich wünsche dir, dass der Engel der Achtung deine Seele mit der Fähigkeit beschenke, aufmerksam zu sein auf die Menschen in deiner Umgebung, sie anzusehen, sie zu schätzen und zu achten. Der Engel der Achtung will dich selbst zu einem Engel für die Menschen machen, damit sie sich in deiner Nähe geachtet wissen, sich in ihrer Würde aufrichten und aufrechter durch das Leben gehen.

# Engelsgesicht

Wenn uns ein Mensch im rechten Augenblick zu Hilfe kommt, sagen wir: „Du bist ein Engel für mich." Und es gibt auch Menschen, die uns wie ein Engel erscheinen, wenn wir sie nur anschauen. Sie haben etwas Klares, Lauteres, Durchscheinendes an sich, so dass wir ihr Gesicht mit dem eines Engels in Verbindung bringen.

So ein reines Antlitz hatte wohl Stephanus, von dem die Apostelgeschichte erzählt. Er verkündete mit solcher Freiheit und Klarheit Jesus Christus, dass die Ältesten der Juden seiner Weisheit nicht widerstehen konnten. Doch zugleich wollten sie sich von ihm nicht in ihrem altgewohnten Weg verunsichern lassen. So bekämpften sie ihn erbittert. Doch mitten in dieser feindseligen Auseinandersetzung „erschien ihnen sein Gesicht wie das Gesicht eines Engels" (Apg 6,15). Sie spürten offensichtlich, dass dieser Mensch nicht seine eigene Weisheit predigte, sondern durchlässig war für Gott.

Ich wünsche dir Menschen an deiner Seite, die

das Antlitz eines Engels haben und dich hinweisen auf das Lautere, das auch in dir ist. Und ich wünsche dir, dass dein eigenes Gesicht die innere Klarheit und Schönheit eines Engels widerspiegelt.

# Beschwingt

Wenn du dich durch ein Gespräch inspiriert fühlst,
dann wurde der Gesprächspartner für dich zum
Engel. Oder aber der Engel war bei eurem Gespräch anwesend und hat etwas in deiner Seele in
Bewegung gebracht. Du kannst Inspiration nicht
herbeizwingen, weder durch Meditation noch
durch die Begegnung mit einem Menschen. Es
muss immer auch der Engel dabei sein, der dich
inspiriert.

Bitte den Engel der Inspiration, dass er bei dir
ist, wenn du mit anderen sprichst, wenn du ein
Buch liest, wenn du allein in der Stille meditierst,
wenn du Musik hörst. Er kann dich inspirieren,
wenn du nach einer Lösung Ausschau hältst, aber
nicht weißt, wo du ansetzen sollst, oder wenn du
über ein Problem nachgrübelst und nicht weiter-
kommst. Dann wirst du erleben, wie deine Seele
erleuchtet wird. Deine Seele wird beschwingt. Leben wird in dir geweckt, das auch nach außen
strömen möchte.

# Mit offenen Augen

In manchen Situationen brauchen wir einen Engel, der uns aufweckt. Manchmal ist es ein Mensch, der uns aufrüttelt und uns die Augen öffnet, der uns etwas schenkt, das uns wirklich stärkt. Seine Zuwendung und Liebe, seine Freundlichkeit und sein Verständnis nähren unsere Seele. Sie zeigen uns, dass unser Weg weiter geht. Aber manchmal fallen wir kurz darauf wieder in den gleichen Fehler. Jetzt denken wir, es hat alles nichts genützt. Aber da rührt uns nochmals ein Engel an und richtet uns auf. Er öffnet uns die Augen für das, was in unserem Leben schon bereit liegt an Ressourcen, aus denen wir schöpfen können. Und jetzt können wir uns erneut auf den Weg machen.

# Aufstehen ins Leben

Im Gespräch mit einem Freund geht uns auf einmal auf, dass alles, was wir bisher erlebt haben, einen Sinn hat, dass Gott uns da einen guten Weg geführt hat. Oder wir hören eine Predigt und auf einmal wird uns klar, was unsere momentane Situation bedeutet. Wir gehen anders nach Hause. Wir verstehen unser Leben und können es so annehmen, wie es ist. Wir erleben eine Beerdigung. Voller Trauer gehen wir wie die Frauen zum Grab. Da erfahren wir in der Ansprache oder in den Gebeten eine Deutung, die uns das Geschehen in ein anderes Licht hüllt. Oder wir sind gescheitert und klagen einer Freundin das Zerbrechen unseres Lebenskonzeptes. Aber nach dem Gespräch spüren wir, dass wir dennoch getragen sind. Wir erkennen sogar im Scheitern einen Sinn. Menschen, die uns unser Schicksal deuten, erleben wir oft genug als Engel der Auferstehung, die uns neues Vertrauen schenken, aus der Resignation aufzustehen in ein neues Leben hinein.

## Licht werden für andere

Ich wünsche dir den Engel des Lichts. Licht bedeutet Leben, Heil, Glück, Hoffnung, strahlende Schönheit. Es vertreibt Finsternis, die Angst machen kann, und ordnet das Chaos, das wir mit dem Dunkel verbinden. Menschen, die uns lieben, werden für uns zu einem Licht.

Der Engel des Lichts möge dir den Blick hell machen, damit du all das Schöne wahrnehmen kannst, das die Welt dir anbietet. Sein Licht möge deiner Seele gut tun. Und es möge zurückstrahlen, damit du selbst für andere zum Licht werden kannst.

## Aufgehellt

Ich wünsche dir, dass der Engel des Lichtes deine
Seele immer mehr erleuchtet, dass das Licht in die
finsteren Schluchten deines Inneren eindringt und
sie durch seinen Strahl verwandelt in bewohnbare
Räume. „Wenn dein ganzer Körper von Licht erfüllt
und nichts Finsteres in ihm ist, dann" – so sagt Jesus – „wird es so hell sein, wie wenn die Lampe
dich mit ihrem Schein beleuchtet" (Lk 11, 36).

## Strahl ins Dunkle

Ich wünsche Dir , dass du das Licht deines Engels
hineinstrahlen lässt in deine innere Dunkelheit. So
kannst du selber zum Licht werden. Licht und
Dunkelheit gehören zusammen. Lass das Licht die
Dunkelheit durchdringen. Lass das göttliche Licht
deines Engels in alle dunklen Abgründe deiner
Seele leuchten. Dann wird alles in dir zum Licht.
Alles wird durchlässig für das Licht aus der Wirklichkeit des Heiligen.

Dein ganzer Leib wird dann Licht ausstrahlen.
Du wirst wie mit einem Schein umhüllt, mit einer
hellen und angenehmen Aura umgeben sein.
Wenn du Licht geworden bist, dann wirst du
selbst zum Engel des Lichts für andere werden. In
deiner Nähe werden sich die Menschen wohl fühlen und ihre Stimmung wird sich aufhellen.

# Wärme, die gut tut

Ich wünsche dir eine innere Wärme, die deiner Seele und deinem Herzen gut tut. Wenn ich die Engeldarstellungen der Gotik anschaue, etwa bei Fra Angelico, da spüre ich eine solche Wärme, da wird es mir warm ums Herz. Es sind Engel, die eine warme Liebe ausstrahlen. In ihnen ist nichts Trübes, nichts Kaltes, nichts Feindliches. Von ihnen gilt, was Paracelsus einmal von den Engeln sagte: „Ihr sollt wissen: Der Engel ist der Mensch ohne das Tödliche."

Weil das Tödliche, das Destruktive, das Krankmachende an den Engeln fehlt, kann von ihnen eine Wärme ausgehen, an der wir uns wärmen können, ohne zu verbrennen. Wenn ich diese Engel anschaue, dann spüre ich nicht nur, wie mir diese Wärme gut tut. Auch von mir selber geht dann Wärme aus. Denn diese Erfahrung strahlt aus. Dafür darf ich dankbar sein.

# Guter Blick und rechtes Wort

Ich wünsche dir den Engel des Lobes. Und ich denke dabei an eine besondere Kunst: Loben verlangt Ehrlichkeit, Natürlichkeit und vor allem die Fähigkeit wahrzunehmen, was der andere ist und was er dir und der Gemeinschaft bedeutet. Aus einer solchen Haltung heraus kannst du auch ins Wort bringen, was dir bei ihm angenehm auffällt.

Der Engel des Lobes möge dir den guten Blick und das rechte Wort des Lobes schenken. Und er lenke deinen Blick auf den Urheber alles Guten, auf Gott: den, der dir dein Leben geschenkt hat, der Tag für Tag Großes an dir tut. Das Loben wird dir die Welt in einem anderen Licht zeigen. Und es wird deine Seele leben lassen. Denn Loben entspricht dem Wesen deiner Seele.

# Leiden verwandeln

Gerade in unserer Zeit der Leidverdrängung brauchen wir den Engel des Mitleids. Ich wünsche dir, dass der Engel des Mitleids deine Seele beflügelt, dass er sie in eine Schwingung versetzt, die mit der Seele des Notleidenden neben dir mitschwingt.

Ich wünsche dir von Herzen, dass du das Leid des anderen spürst, dass du mit ihm durch sein Leid gehen und ihm so einen Weg aus seiner Not heraus ermöglichen kannst. Du lässt dich dann nicht von den Schwierigkeiten der anderen mit nach unten ziehen, sondern kannst sie durch dein Mitfühlen verwandeln in einen Weg zu neuem Leben. Du kannst die Sorgen deines Mitmenschen in Segen verwandeln.

# Beglückend

Es gehört zu unserem Leben, dass wir es mit anderen teilen. Nur wenn wir uns austauschen, wird unser Leben fruchtbar. Wenn wir uns gegenüber anderen verschließen, isolieren wir uns selbst.

Ich wünsche dir den Engel des Teilens, der dir Mut macht, dein Leben mit anderen Menschen zu teilen. Dann wirst du nämlich die beglückende Erfahrung machen, dass dein Teilen reichlich belohnt wird. Denn wenn du bereit bist zu teilen, werden auch die Menschen ihr Leben mit dir teilen. Du hast teil an der Vielfalt und dem Reichtum der Menschen.

## Verlässlichkeit und Zuversicht

Ein Mensch, auf den Verlass ist, gibt dir Zuversicht. Auf den kannst du vertrauen. Wer gewissenhaft seine Arbeit verrichtet, auf den kannst du bauen. Bei ihm fühlst du dich sicher. Der Engel der Zuverlässigkeit möge dich selbst in die bescheidene Tugend der Zuverlässigkeit führen. Dann werden sich die Menschen an dir freuen. Und du selbst wirst mit gutem Gewissen gewissenhaft deine Arbeit tun, im Wissen darum, dass es den anderen gut tut und dass sie es dir danken werden. Wenn sie sich auf dich verlassen können, dann wirst du ein Klima des Vertrauens erzeugen, in dem sich nicht nur die anderen, sondern auch du selbst wohl fühlen werden. Ich wünsche dir in deiner Nähe viele Engel der Zuverlässigkeit.

# Kleine Freundlichkeiten

Ich wünsche dir den Engel der freundlichen Zuwendung, der dich mit den Gaben des Wohlwollens und der Liebenswürdigkeit, der Aufmerksamkeit und des Entgegenkommens reich beschenken möge. Er möge dein Herz frei und froh machen, damit du dem anderen Menschen mit Freude im Herzen begegnen kannst und die positiven Möglichkeiten entdeckst, die in ihm sind. Dann wird nicht nur sein Gesicht sich aufhellen. Er wird auch dich selber mit Freude erfüllen. Weil du selber für ihn zum Engel der Freundlichkeit geworden bist, wird auch für ihn die Welt freundlicher erscheinen.

# Damit die Freundschaft wächst

Von ganzem Herzen wünsche ich dir den Engel der Freundschaft. Freundschaft ist kostbar. Freundschaft kann man nicht machen. Sie ist immer ein Geschenk. Vielleicht hast du einen guten Freund oder eine gute Freundin. Aber du hast Angst, sie zu verlieren. Vielleicht denkst du, du seist zu kompliziert für deinen Freund oder deine Freundin, du seist der Freundschaft nicht wert, weil du sie mit deinen Problemen überforderst. Da brauchst du den Engel, der dir Vertrauen schenkt, dass deine Freundschaft auch durch die Konflikte und Missverständnisse hindurch immer tiefer wird, dass sie Bestand hat, auch wenn sie durch Spannungen hindurchgeht.

Der Engel der Freundschaft möge dich immer tiefer einführen in die Kunst des Liebens und in das Geheimnis der Freundschaft. Und er möge dich die Dankbarkeit lehren, wenn du einen Freund gefunden hast, in dessen Nähe dir alles freundlich vorkommt.

## Sonne des Wohlwollens

Unsere Seele ist nicht selten voll von Vorurteilen und Ressentiments, von Enge und Verurteilung. Daher brauchen wir den Engel der Toleranz, der unsere Seele befreit von allen Eintrübungen unserer Lebensgeschichte.

Ich wünsche dir, dass dir der Engel der Toleranz immer zur Seite steht, wenn in dir ein negatives Bild von deinem Mitmenschen hochkommt. Er möge dich hinweisen auf die unantastbare Würde des anderen und dich dazu bewegen, dass du auch über ihn die Sonne deines Wohlwollens scheinen lässt und dass du den Regen deiner Liebe über ihn regnen lässt, damit Gottes Leben auch in ihm zur Blüte kommen kann.

# Damit die Seele aufblüht

Der Engel der Nächstenliebe möge dir die Augen
öffnen, damit du siehst, wo gerade du gefragt bist.
Der Engel der Nächstenliebe wird dich in Berührung bringen mit einer Seite deiner Seele, die dir
gut tut. Er lässt deine Seele aufblühen. Er erfüllt
sie mit Liebe. Du wirst dich nicht überfordert oder
verausgabt fühlen, wenn du dem Engel der Nächstenliebe folgst, sondern wirst spüren, wie deine
Seele lebendig wird, wie sie weit wird und von
Freude erfüllt wird.

Ich wünsche dir aber auch dann, wenn du in
Not bist, Engel der Nächstenliebe, die den Mut finden, auf dich zuzugehen, in deine Not einzutreten
und mit dir ein Stück des Weges zu wandern.

# Angesteckt von Lebensfreude

Ich wünsche dir den Engel des Lächelns. Er möge dir helfen, damit du mit dir selbst verständnisvoller und zärtlicher umgehst und damit du die Menschen um dich anstecken kannst zu neuer Lebensfreude. Der Engel des Lächelns möge dich in Berührung bringen mit der Tiefe deiner Seele, in der du manches nicht mehr so wichtig nimmst, was um dich herum geschieht. Er möge dir zeigen, dass du wie die Engel schon jetzt an einer anderen Welt teilhast, die alles relativiert, was dir hier widerfährt. Und der Engel des Lächelns möge dich selbst zum Engel machen für viele, die in sich selbst verfangen sind.

Der Engel wird zufrieden mit dir lächeln, wenn du heute einen mürrischen und unzufriedenen Menschen zu einem Lächeln bewegen kannst.

## Phantasie und Liebe

Ich wünsche dir den Engel der Gewaltlosigkeit.
Gewaltlosigkeit ist nicht Nachgiebigkeit und
Schwäche. Sie durchbricht den Teufelskreis von
Verletzung und Gegenverletzung und ermöglicht
auch dem anderen, dass seine Kränkungen heilen.
Der Engel der Gewaltlosigkeit möge dir in schwie-
rigen und hitzigen Situationen und gerade auch
dann, wenn du selber verletzt wurdest, Phantasie
schenken und dir zeigen, wie du auf die Spiele der
Gewalt gewaltlos antworten und wo du den Ge-
walttäter durch Liebe gewinnen und von seiner
Gewaltfixierung befreien kannst.

# Aufrecht leben

Immer wieder müssen wir einen Ausgleich suchen zwischen den verschiedenen Bestrebungen unseres Herzens, zwischen dem Wunsch nach Freiheit und der Verpflichtung anderen gegenüber, zwischen Nähe und Distanz, zwischen dem Festhalten an unserer Meinung und der Offenheit für die Wünsche unserer Umgebung, zwischen unserem eigenen Recht auf Leben und dem Recht des Nächsten, zwischen dem Maß, das für mich stimmt, und den Erwartungen, die andere an mich haben.

Ich wünsche dir in solchen Konfliktsituationen des Abwägens und Ausgleichens den Engel der Gerechtigkeit. Er möge dir zur Seite sein, wenn du nach einer Lösung suchst. Und er möge dich selbst dabei aufrichten, damit du richtig leben kannst, aufrecht, authentisch, dass du zugleich dir gerecht wirst und dem Nächsten, deinem eigenen Willen und dem Willen Gottes.

# Ein neues Miteinander

Viele Menschen sind heute in ihren beruflichen und oft auch in privaten Beziehungen von einem Geist des Kämpfens bestimmt. Das tut ihrer eigenen Seele nicht gut und ist destruktiv für ihre Beziehungen. Ich wünsche dir den Engel der Fairness in deiner Beziehung zu deinem Ehepartner, in deinem beruflichen Umfeld und in deinem Freundeskreis. Und ich wünsche dir, dass dieser Engel in deiner Seele eine Haltung der Klarheit und der Anständigkeit hervorruft, die frei ist von zerstörerischer Aggression.

Der Engel der Fairness möge nicht nur den Menschen in deiner Nähe, sondern auch dir selbst gut tun. Er möge eurem Miteinander eine neue Qualität geben.

# Echte Freude

Von Herzen wünsche ich dir den Engel der Freundlichkeit. Freundlichkeit will zu einer echten Freude
über den Menschen führen. Diese Freude setzt
den Glauben voraus, dass jeder Mensch ein Geheimnis ist, dass in jedem ein guter Kern steckt,
dass du in jedem Christus selbst begegnest. Wenn
du das glaubst, dann kannst du dich auch über einen Menschen freuen, der unzufrieden ist und dir
grimmig entgegenkommt. Du siehst nicht auf das
Äußere, sondern auf die Möglichkeiten, die in ihm
stecken. Durch dein freundliches Wort wirst du die
Freude, die in seiner Seele unter dem Kummer und
unter der Unzufriedenheit verborgen liegt, hervor-
locken. Sein mürrisches Gesicht wird sich aufhellen. Und dann wird er dich mit Freude erfüllen. Ich
wünsche dir, dass auch du selber für andere zum
Engel der Freundlichkeit wirst. Dann wird auch ihnen die Welt freundlicher erscheinen.

# Daheim sein

Die Angst vor dem Anderen, dem Unvertrauten und Ungewohnten steckt tief in uns. Oft tun wir uns schwer damit, uns damit vertraut zu machen. Ich wünsche dir den Engel der Gastfreundschaft, der dir die Angst vor dem Fremden nimmt. Er erleichtert das Leben schon im Kleinen und wird dich etwa auch befreien von dem Druck, dass du ein besonders guter Gastgeber sein musst, dass du andere Gastgeber mit deinem Kochen oder mit deinem Hausschmuck übertreffen musst. Du sollst nicht vieles vorsetzen, sondern dich selbst einbringen, damit Begegnung möglich wird. Dann wirst du sehen, wie die Gastfreundschaft dich selber beschenkt. Du wirst erfahren, wie Menschen leben und woraus sie leben. Du wirst dankbar sein für das Leben, das dir geschenkt wurde, für die Heimat, die du gefunden hast und die auch für andere zu einem Ort werden kann, an dem sie sich daheim fühlen.

Wenn Menschen sich bei dir geborgen fühlen, wenn sie spüren, dass sie in deinem Haus
ohne Angst sie selbst sein dürfen, dann wirst du
spüren, wie der Engel der Gastfreundschaft
dir viele Engel ins Haus schickt, die dich beschenken.

## Versöhnung strahlt aus

Ich wünsche dir den Engel der Versöhnung. Versöhnung heißt ja: sich mit sich selber aussöhnen, sich einverstanden erklären mit sich, so wie man geworden ist, die Spaltung aufheben, die sich auftut zwischen meinem Idealbild und meiner Realität. Denn unversöhnte Menschen spalten nicht nur die Menschen um sich herum. Die Spaltung geht weiter. Sie prägen die Stimmung. Sie bestätigen die Vorurteile gegenüber Andersdenkenden und Anderslebenden. Und sie schaffen eine Atmosphäre, in der man gegen Fremde und Fremdartige gewaltsam vorgeht.

Der Engel der Versöhnung möge dich zu einem Sauerteig der Versöhnung machen für unsere Welt. Wenn du in deinem Reden versöhnt bist, wird von dir auch Versöhnung ausgehen, es werden sich andere durch dich angenommen fühlen und du selbst zu einem Senfkorn der Hoffnung und Versöhnung werden.

# Geh auf die anderen zu

Keiner lebt für sich allein. Und besonders in schwierigen Zeiten sind wir alle aufeinander angewiesen. Ich wünsche dir, dass der Engel der Solidarität deine Seele bewegt, wenn neben dir ein Mensch Hilfe braucht. Er möge in deiner Seele das Bewusstsein wecken, dass wir alle einen gemeinsamen Ursprung haben, dass wir alle aus Gott geboren sind, alle von dem einen Gott abstammen.

Ich wünsche dir, dass der Engel deine Augen öffnet und dich anstößt, die Hemmschwelle zu überschreiten und auf den anderen zuzugehen. Ich wünsche dir aber auch, dass dir selber ein Engel der Solidarität zu Hilfe kommt, wenn du hilflos bist, dass da einer den Mut aufbringt, einzugreifen, wenn du angegriffen wirst.

Der Engel möge dir ein Gespür vermitteln, dass dein Wohl nicht ohne das Wohl des anderen bestehen kann. Gemeinschaft, Zugehörigkeit zur menschlichen Gesellschaft kann nur erleben, wer selbst solidarisch ist und sich vom Engel der Solidarität leiten lässt.

Wenn du den Engel der Solidarität bei dir eintreten lässt, wird er dich nicht nur für die anderen und ihre Bedürfnisse öffnen, sondern auch dein eigenes Leben bereichern und beschenken.

# Geschenk des Vertrauens

Ich wünsche dir den Engel der Diskretion. Er möge dir beistehen, damit du immer angemessen reagierst, redest und dich so entscheidest, dass daraus Lebendigkeit und Freude entspringen. Und ich wünsche dir den Engel der Diskretion bei allen Gesprächen. Er befähigt dich, dich ganz auf deinen Gesprächspartner einzulassen, ohne dein Wissen einfließen zu lassen, das du von anderen über ihn erhalten hast.

Der Engel der Diskretion wird dir viele Menschen zuführen, die dir Vertrauen schenken. Denn in uns allen steckt die Sehnsucht nach diskreten Menschen, nach Menschen, die unterscheiden können, was sie uns sagen und was nicht.

## Verurteile keinen

Ich wünsche dir den Engel der Selbsterkenntnis.
Sich selber zu erkennen kann schmerzlich sein.
Aber nur, wenn ich mich richtig sehe, werde ich
auch die anderen erkennen können. Der Engel der
Selbsterkenntnis möge dich bei diesem Prozess
begleiten. Er wird dir sagen: Das bist du. Aber du
darfst auch so sein. Wenn er mit dir geht, kannst
du alles, was du siehst, in das Licht und die Liebe
Gottes halten. Dann wird es verwandelt. Dann
wird deine Selbsterkenntnis dir die Angst vor dir
selber nehmen. Und sie wird dich bescheiden machen, dass du auch die Menschen um dich herum
akzeptieren kannst, ohne sie zu verurteilen.

Ich wünsche dir die Nähe dieses Engels. Dann
wirst du weder dich noch einen anderen Menschen verurteilen.

# Heilende Atmosphäre

Ich wünsche dir den Engel der Heilung, der dir vermittelt: Du bist gut, so wie du bist. Du bist ganz, gesund. Und wenn du verwundet bist, kannst du erfahren: Auch deine Wunden können sich verwandeln. Denn deine eigenen Wunden können zu Quellen der Lebendigkeit und Quellen des Segens für dich und andere werden. Wenn der Engel deine Wunden geheilt hat, dann wirst du selbst zu einem Engel werden für andere. Dann werden andere sich in deiner Nähe wohl fühlen. Sie spüren, dass sie dir ihre Wunden zeigen können, dass du sie verstehst, dass du ihre Wunden nicht bewertest, sondern einfach annimmst. Und sie werden wahrnehmen, dass von dir eine heilende Atmosphäre ausgeht.

## Mit anderen Augen sehen

Ich wünsche dir, dass du in deinem Leben immer
wieder einem Engel der Milde begegnen darfst.
Du wirst spüren, wie dir solche Menschen gut tun.
Und vielleicht kennst du schon solche milden
Menschen. Suche ihre Nähe, sprich mit ihnen, frag
sie, wie sie so geworden sind. Dann kannst du von
ihnen den milden Blick lernen, der dein Leben in
das sanfte Licht des Herbstes taucht, der allem in
dir, auch dem Scheitern, eine eigene Würde und
Schönheit schenkt. Und wenn du so in die Schule
milder Menschen gegangen bist, kannst du vielleicht selbst zu einem Engel werden für die Menschen, die hart gegen sich wüten, die sich selbst
verurteilen und die über sich und ihre Fehler ver-
zweifeln.

# Gut für alle

Ich wünsche dir den Engel der Tapferkeit, damit du dein Leben wirklich bestehen kannst, dass du nicht ausweichst, wenn dir der Gegenwind um die Ohren bläst. Ich wünsche ihn dir, damit du nicht fliehst, wenn dich ein Unglück trifft. Und ich wünsche dir Tapferkeit im Umgang mit den alltäglichen Konflikten, dass du frei bist von dem Zwang, dich überall beliebt zu machen.

Der Engel der Tapferkeit möge dir beistehen, wenn du in Gefahr bist, umzufallen vor der Meinung der anderen, wenn du am liebsten den Kampf aufgeben möchtest um des lieben Friedens willen.

Wenn der Engel der Tapferkeit bei dir ist, werden Lösungen möglich, die am Ende für alle gut sind.

## Lass dich begeistern

Ich wünsche dir den Engel der Begeisterung. Er
möge dich befähigen, dich ergreifen zu lassen von
dem, was dir begegnet, was du erlebst, was du
bist. Und ich wünsche dir, dass du andere begeis-
tern kannst, dass du sie mitreißen kannst für eine
Idee, für ein Projekt, dass du sie beleben kannst,
mit Geist zu erfüllen vermagst.

Dann wird der Engel der Begeisterung dir Lust
am Leben schenken und dich selbst zu einem Engel der Begeisterung verwandeln, belebend für die
Menschen, denen du begegnest.

# Auf abschüssigem Weg

Ich wünsche dir eine besondere Aufmerksamkeit
gerade in Situationen, in denen du Widerstand
spürst. Öffne deine Augen gerade für die Engel,
die sich dir in den Weg stellen und dich am Weitergehen hindern. So ein Engel kann im Widerstand des Ehepartners oder der Kinder in Erscheinung treten. Er kann sich in der Weigerung von
Mitarbeitern zeigen, deine Weisungen zu befol-
gen. Statt den Widerstand mit Gewalt zu brechen,
sollten wir lieber genau hinhören, ob sich da nicht
ein Engel in den Weg stellt, der uns vor Fehlent-
scheidungen bewahren möchte, der uns davor
warnt, zu schnell voranzugehen, weil der Weg zu
abschüssig ist.

# Ein innerer Schutzraum

Ich wünsche dir den Engel der Stille. Gerade wenn du viel mit anderen Menschen zu tun hast, wenn viele etwas von dir wollen, wenn du dich in intensiven Gesprächen auf sie einlässt, brauchst du den Engel der Stille, der die vielen Worte, die du täglich hörst, in dir zum Schweigen bringt. Im Schweigen kannst du wieder aufatmen. Da kannst du alles abschütteln, was dir andere anvertraut haben. Der Engel der Stille möchte dich in den inneren Raum führen, zu dem auch die Menschen keinen Zutritt haben, für die du da bist.

Ich wünsche dir, dass du in Berührung bist mit diesem inneren Raum der Stille. Dann kannst du dich ohne Angst vor Überforderung oder Fremdbestimmung auf Menschen einlassen.

# Grenzen sind heilig

Gerade unsere Beziehungen sind oft überfrachtet von Erwartungen, die sich auf den anderen richten und in ihm die einzige Quelle des Glücks, der Einheit und der Ganzheit suchen. Aber es gibt in unserem Leben kein Zurück in das Paradies des ununterbrochenen Einsseins. Wir leben in unseren Beziehungen, auch in der Liebe, im Hin und Her zwischen Nähe und Distanz, zwischen Einheit und Trennung. Das Paradies endgültiger Einheit erwartet uns erst, wenn wir im Tod eins werden mit Gott und mit uns selbst und miteinander. Der Respekt vor der Grenze des anderen ist etwas Heiliges.

Ich wünsche dir einen Engel, der dich sensibel macht für die Achtung der Grenze des anderen. Und der dir auch den Mut gibt, selber klare Grenzen zu setzen, die dir selber und deiner Beziehung zu anderen gut tun.

# Wahrhaft frei

Innere Freiheit ist nötig, damit Freundschaft einen Raum findet, damit Ehe gelingen kann, damit Beziehungen wirklich glücken. Wenn zwei aneinander kleben, wenn sie sich ständig vergewissern müssen, was der andere jetzt denkt, dann kann in solcher Enge keine reife Beziehung wachsen. Auch in jeder Bindung brauche ich trotzdem noch Freiheit. Ich binde mich in Freiheit. Und in der Bindung bin ich frei, da gibt es in mir einen Raum, über den niemand verfügen kann.

Ich wünsche dir, dass der Engel der Freiheit dir solche innere Freiheit schenkt, damit du dich wahrhaft als freier Mensch fühlen und aufrecht leben kannst.

## Luft zum Atmen

Manchmal hörst du vielleicht Vorwürfe von deiner Frau, von deinem Mann, dass du dich zurückziehst. Aber ich kenne viele, die das probiert und dabei eine positive Erfahrung gemacht haben. Sie haben erfahren, dass es auch ihrem Miteinander gut getan hat. Dann bist du wieder ganz du selbst. Es ist wie eine Kur, in der du wieder Anschluss findest an deine eigenen Ressourcen. Dann wird auch das Miteinander wieder lebendig. Du hast wieder Phantasie und Lust, mit deiner Frau, mit deinem Mann, mit deinem Freund, mit deiner Freundin Neues zu probieren, neu auf sie, auf ihn einzugehen. Wenn du dich zurückziehst, dann spürst du, dass du dich nicht allein von deinem Partner her definieren kannst, sondern dass du einen tieferen Grund brauchst, deine eigene Quelle, Gott, der dich zu einem einmaligen und einzigartigen Menschen geformt hat.

So wünsche ich dir, dass dir ein Engel anzeigt, wann es für dich wieder an der Zeit ist, dich zurückzuziehen. Und ich wünsche dir, dass du dann auch in einer Erfahrung der Einsamkeit erfährst, dass du nicht allein bist, dass der Engel des Rückzugs bei dir ist und dir einen neuen Horizont deines Lebens eröffnet.

# Ein Klima der Ehrfurcht

Ich wünsche dir den Engel der Ehrfurcht. Wir alle brauchen ihn dringlicher denn je. Unsere Zeit ist bestimmt von einem Klima der Sensationsgier und des Zynismus. Klatsch und Neugier, die in das Geheimnis jedes Einzelnen einzudringen versuchen, prägen nicht selten das private und das öffentliche Leben. Wir bräuchten bei vielen Gelegenheiten Engel, die ein menschenverachtendes Klima verwandeln in die Achtung vor der Würde des Menschen.

Ich wünsche dir, dass du neben vielen Engeln der Ehrfurcht leben darfst. Dann wird in dir das Gespür für das tiefe Geheimnis, das in dir ist, wachsen. Du wirst erfahren, was Menschsein heißt. Und du wirst Freude haben an deinem Menschsein. Und ich wünsche dir, dass du für andere zum Engel der Ehrfurcht werden darfst, dass du deinen Nächsten mit den Augen des Engels sehen lernst und für andere einen Raum eröffnest, in dem sie ganz sie selbst sein dürfen, in dem sie geachtet werden – so wie sie sind.

# Neue Augen

Ich wünsche dir einen Engel der Liebe. Er möge dir neue Augen schenken, dass du die Menschen um dich und dass du dich selbst in einem neuen Licht sehen kannst, dass du den guten Kern in dir und den andern entdecken kannst. Dann kannst du auch besser damit umgehen.

Ich wünsche dir, dass dich dein Engel der Liebe immer mehr einführt in das Geheimnis der göttlichen Liebe, die in dir ist wie eine Quelle, die nie versiegt. Du musst die Liebe in dir nicht schaffen. Trinke aus dem Quell der göttlichen Liebe, die in dir sprudelt und die für dich immer reicht.

# Stehvermögen

Um mich selbst zu verstehen, brauche ich den Engel des Verstehens. Er versteht mich besser als ich mich selbst. Er sieht Dinge in mir, die mir verborgen bleiben oder die ich nicht anschauen möchte. Er sieht sie, ohne mich zu bewerten. Er sieht und versteht. Das ermöglicht mir, mich zu sehen, wie ich bin, und mich zu verstehen, zu allem zu stehen, was in mir auftaucht.

Ich wünsche dir, dass du vielen Engeln des Verstehens begegnen darfst, die dir ein neues Stehvermögen schenken. Und ich wünsche dir, dass du auch für andere so ein Engel sein darfst. Du wirst erleben, wie gut es dir selbst tut, wenn ein anderer zu dir sagt: „Von dir fühle ich mich verstanden. Bei dir stehe ich gerne. Bei dir ist gut stehen. Denn du stellst dich vor mich hin. Da treffen mich die Verurteilungen der andern nicht, da können auch die Selbstverurteilungen nichts anrichten. In deiner Nähe kann ich gut zu mir stehen."

## Zusammenklingen

Menschen, die mit sich im Einklang sind, brauchen keine Intrigen, um andere gegeneinander aufzuhetzen. Sie erzeugen um sich ein Klima der Klarheit und des Zusammenklingens. Da weiß sich jeder geachtet. Jeder darf mitklingen in der großen Symphonie einer Gemeinschaft. Solche Engel der Harmonie sind ein Segen für jede menschliche Gemeinschaft.

So wünsche ich dir, dass dich der Engel der Harmonie selbst zu einem Engel der Harmonie für andere formen kann, dass sie den Mut finden, ihren ganz persönlichen Klang erklingen zu lassen.

# Reich beschenkt

Ich wünsche dir den Engel der Hingabe. Und ich
wünsche von Herzen, dass er dich unterweist in
der Kunst, dich an deine Aufgabe, an geliebte
Menschen und an den, der die Liebe selber ist, hin-
zugeben. Die Hingabe wird dich reich beschenken.
Sie führt dich in die Freiheit und in ein abgrund-
tiefes Vertrauen, dass dein Leben gut wird.

Du kannst dich fallen lassen. Du fühlst dich
getragen. Dein innerer Panzer, den du durch dein
Festhalten aufgebaut hast, fällt zusammen. Du
spürst dich selbst lebendig und weit. Dein Leben
wird fruchtbar. Indem du dich hingibst, blühst du
auf.

# Ein Raum der Geborgenheit

Ich wünsche dir, dass du Engel der Zärtlichkeit erleben kannst, die dir eine Atmosphäre der Zuneigung schenken, in der du aufblühen kannst, in der du ganz du selbst sein kannst, in der du dich fallen lassen kannst und dich einfach wohl fühlst. Und ich wünsche dir, dass du selbst für andere so ein Engel der Zärtlichkeit sein darfst.

Gehe in die Schule des Engels, damit du mit allem, was dir begegnet und was du berührst, zart umgehst und so um dich herum einen Raum schaffen kannst, in dem sich andere geborgen fühlen.

# Geachtet und kostbar

Du kannst nur zärtlich mit einem Menschen umgehen, wenn du ihn lieb gewonnen hast. In einer
Atmosphäre, in der sich der andere geachtet und
kostbar fühlt, in der er seine eigene Schönheit ent-
deckt, da drückt sich die Zärtlichkeit dann auch
aus, in einer zarten Berührung oder in einem zärt-
lichen Kuss. In solcher Beziehung strömt eine
Liebe, die nicht festhält, die keine Besitzansprüche
fordert, eine Liebe, die loslässt, die achtet, die ein
Gespür hat für das Geheimnis des andern.

Der Engel der Zärtlichkeit möge dich einführen in die Kunst, zart und zärtlich umzugehen mit
den Menschen, aber auch mit allem, was du in die
Hand nimmst.

# Hell, heiter, leuchtend

Einem heiteren Menschen kann man keine Angst
einjagen. Er ruht in sich. Und so kann ihn nichts so
leicht umwerfen. Wenn du mit einem so heiteren
Menschen sprichst, dann kann sich auch dein In-
neres aufheitern, dann siehst du auf einmal dein
eigenes Leben und deine Umgebung mit anderen
Augen. Es tut gut, in der Nähe eines heiteren Menschen zu sein.

Ich wünsche dir die Begegnung mit vielen Engeln der Heiterkeit. Und ich wünsche dir, dass dich
der Engel der Heiterkeit innerlich aufhellt und
dich heiter und klar, leuchtend und wolkenlos werden lässt, damit durch dich die Welt um dich herum heller und heiterer wird.

# Wie Wunden heilen

Gerade in Situationen, in denen du dich verletzt fühlst, wünsche ich dir den Engel der Verzeihung. Es gibt kein menschliches Zusammenleben ohne Verzeihung. Denn ob wir wollen oder nicht, immer wieder werden wir einander verletzen. Der Engel des Verzeihens unterbricht den Teufelskreis der Wiedervergeltung. Er reinigt die Atmosphäre und ermöglicht uns ein menschliches Miteinander.

Wir alle brauchen den Engel der Vergebung, damit unsere seelischen Wunden heilen können. Nicht vergebene Kränkungen lähmen mich. Sie ziehen mir die Energie ab, die ich für das Leben brauche. Und viele werden nicht gesund, weil sie es nie fertig gebracht haben zu vergeben. Aber der Engel des Verzeihens lässt dir Zeit. Er überfordert dich nicht. Ich wünsche dir den Engel der Vergebung, der dich von den Kränkungen heilt, die dir Menschen zugefügt haben: einen Engel, der deine Wunden heilt.

## Klar und nüchtern

Ich wünsche dir den Engel der Nüchternheit. Er möge dir immer wieder helfen, deine eigene Situation richtig einzuschätzen, deine Dramatisierungen aufzugeben, mit denen du oft genug deine Lage übertreibst, und einen Weg zu entdecken, besser mit dir umzugehen. Oft genug bist du betriebsblind und siehst alles nur von deinem Ärger oder deiner Enttäuschung oder deiner Verletzung aus. Das verstellt dir den Blick für gangbare Lösungen.

Ich wünsche dir den Engel der Nüchternheit, damit du deine eigene Situation klären kannst und dass du Klarheit hineinbringen kannst in den Nebel menschlicher Beziehungs- und Entscheidungskonflikte.

# Neues wird möglich

Ich wünsche dir den Engel der Offenheit in deinem Leben. Er möge dir Aufrichtigkeit und Freimut schenken, dass du in innerer Freiheit dem andern das sagen kannst, was du in deinem Herzen spürst. Natürlich braucht solche Aufrichtigkeit auch Klugheit und Sensibilität. Du musst spüren, was du dem andern sagen kannst und wo du ihn nur unnötig verletzen würdest. Aber weil du nicht darauf angewiesen bist, unbedingt bei allen beliebt zu sein, bist du frei, die Wahrheit zu sagen. Schau dir den Engel Gabriel an, wie er Maria die Geburt ihres Sohnes verkündet. Da haben die Künstler in dem Engel Offenheit Gestalt werden lassen. Da ist der Engel, der ihr Neues und Unerhörtes verkündet und mit seiner Offenheit auch Maria für das scheinbar Unmögliche öffnet.

Der Engel der Offenheit möge auch dich öffnen für das Geheimnis menschlicher Begegnung und für das Neue, das dir zugetraut wird.

## Vertrau auf andere

Ich wünsche dir den Engel, der dich zum Vertrauen fähig macht und dir den Mut gibt, das eigene Ich loszulassen und dich dabei unterstützt, wenn es darum geht, dich einem anderen Menschen voller Vertrauen zu überlassen.

Ohne dieses Sich-Überlassen kann keine Beziehung gelingen. Denn sonst würde jeder nur voller Angst darauf schauen, sich und seine Emotionen, seine Worte und Handlungen zu kontrollieren und sich ja nicht in die Hände eines anderen zu geben. Aber dann kann auch kein Vertrauen wachsen, dann kann der andere gar nicht zeigen, dass er gut mit mir umgehen wird, dass er mein Vertrauen nicht missbrauchen wird. Sich-Überlassen heißt nicht, dass ich mich selbst aufgebe. Ich kann mich nur überlassen, wenn ich mit mir in Berührung bin, wenn ich weiß, wer ich bin.

Aber zugleich liegt in diesem Sich-Überlassen immer ein Risiko. Ich springe aus der Sicherheit, die mir das Festhalten an mir schenkt, heraus und überlasse mich der Hand des andern. Das kann nur gelingen, wenn ich weiß, dass der andere kein Teufel ist, sondern ein Engel, der mich mit seinen Händen auffängt und trägt, der es gut mit mir meint.

# Sei dankbar

Ich wünsche dir den Engel der Dankbarkeit, der dich lehrt, richtig und bewusst zu denken. Wenn du zu denken anfängst, kannst du dankbar erkennen, was dir in deinem Leben alles gegeben wurde. Der Engel der Dankbarkeit möge dir die Augen öffnen, damit du andere so wahrnimmst, wie sie sind und sie als wertvoll und wichtig erkennst. Du wirst dann auch dankbar sein können für deine Eltern, die dir das Leben gegeben haben. Du wirst nicht nur dankbar sein für die positiven Wurzeln, die du in deinen Eltern hast, sondern auch für die Wunden und Verletzungen, die du von ihnen bekommen hast. Denn auch sie haben dich zu dem geformt, der du jetzt bist. Ohne die Wunden wärst du vielleicht satt und unempfindlich geworden. Du würdest den Menschen neben dir in seiner Not übersehen.

Der Engel der Dankbarkeit möge dir die Augen dafür öffnen, dass dich dein ganzes Leben hindurch ein Engel Gottes begleitet hat, dass dich ein Schutzengel vor manchem Unglück bewahrt hat, dass dein Schutzengel auch die Verletzungen in einen kostbaren Schatz verwandelt hat.

# Lass dich auf andere ein

Viele Menschen sind heute bestimmt von Gleichgültigkeit. Das Ideal der Coolness ist bei vielen in Mode. Aber das kann in Beziehungen kein Ideal sein. Ich wünsche dir daher den Engel der Leidenschaft. Leidenschaft hat mit Erfahrung zu tun. Wer sie abschneidet, verliert an Erfahrung. Wer sich auf sie einlässt, der wird erfahren, der erlebt Neues und Ungeahntes. Aber wie jede Reise auch beschwerlich sein kann, so auch der Umgang mit den Leidenschaften. Es ist immer eine Gratwanderung. Und allzu leicht kann eine Leidenschaft stärker werden, als sie uns gut tut. Dann bestimmt sie uns, anstatt dass wir mit Leidenschaft das Leben angehen.

Der Engel der Leidenschaft möge dich auf deiner Gratwanderung begleiten, damit du wahrhaft ein leidenschaftlicher Mensch werden kannst, der sich auf andere Menschen einlässt und leidenschaftlich dafür kämpft, dass ein menschenwürdiges Zusammenleben hier auf Erden möglich wird.

# Das Geschenk der Gemeinschaft

Ich wünsche dir den Engel, der dich die Kunst lehrt, alles mit anderen zu teilen, Stärken ebenso wie Schwächen. Der dich aber auch einführt in die Kunst, den anderen ebenso Raum zu lassen wie dir selber. Gemeinschaft braucht den Atem der Weite und Freiheit. Einsamkeit und Gemeinschaft müssen in einer gesunden Spannung stehen. Wenn die Gemeinschaft verabsolutiert wird, können wir vor lauter Enge kaum mehr atmen. Nur wenn jeder in der Gemeinschaft auch seinen ganz persönlichen inneren Weg gehen kann, wird die Gemeinschaft fruchtbar sein. Sie wird uns herausfordern, uns weiter auf den Weg zu machen. Sie wird uns unsere blinden Flecken aufdecken, damit wir den Weg der Wahrheit gehen. Und auf diesem Weg der Wahrheit kommen wir zu neuen Einsichten über uns selbst und unsere Mitmenschen.

Der Engel der Gemeinschaft möge dir immer wieder die Erfahrung solch beglückenden und herausfordernden Miteinanders schenken.

# 3. Kapitel

# Wohin dein Weg dich führt

*Engel mögen dich begleiten*

# Sei aufmerksam

Viele Menschen haben die Ahnung, dass sie jemand begleitet in ihrem Bemühen, „recht" zu leben. Dieser Begleiter ist der Engel. Ich wünsche dir die Erfahrung eines solchen Begleiters. Er kommt als Bote Gottes in dein Herz: in jene Lebensmitte, in der sich die Richtung deines Lebens entscheidet. Gott schickt dir diese Kraft, einen Engel, der dich einführt in eine Haltung, damit dein Leben gelingt, damit es gut und sinnvoll ist. Ich wünsche dir die Aufmerksamkeit auf diese Stimme, die nur in deinem Herzen hörbar ist.

# Eine leise Stimme

Beim Auszug der Israeliten aus dem Land ihrer Knechtschaft in das Gelobte Land der Freiheit verheißt Gott dem Volk einen Engel, der ihm vorausgeht: „Ich werde einen Engel schicken, der dir vorausgeht. Er soll dich auf dem Weg schützen und dich an den Ort bringen, den ich bestimmt habe. Achte auf ihn und hör auf seine Stimme!" (Ex 23,20 f.) Es ist gut zu wissen, dass du den mühsamen Weg in die Freiheit nicht allein gehen musst. Ein Engel begleite dich, ja er gehe dir voraus. Er schütze dich auf dem Weg und er sei dir ein sicherer Wegweiser. Er gebe dir die Gewissheit, dass dein Leben gelingen wird, dass du ans Ziel deiner Sehnsüchte gelangen wirst.

# Geheimnis der Weisheit

Wer ist wirklich weise? Die Bibel erzählt uns dazu
eine aufschlussreiche Geschichte. Im zweiten
Buch Samuel kommt eine Frau zu König David, um
mit ihm zu sprechen. Sie vergleicht den König mit
einem Engel: „Mein Herr, der König, ist gerade so
wie der Engel Gottes: Er hört Gutes und Böses." (2
Sam 14, 17) Und sie spricht ihm Weisheit zu, wie sie
der Engel Gottes hat, „der alles weiß, was im Land
geschieht". (2 Sam 14, 20) Der Engel weiß alles und
hört alles. Er hört gute und böse Worte. Aber er
lässt sich von den bösen Worten nicht beeinflus-
sen. Er durchschaut das Böse und sieht in ihm die
Verzweiflung, die dahinter steht. Er ist weise, weil
er alles weiß und versteht, was geschieht. Weil er
in Gott seinen festen Grund hat, kann er verstehen, was die Menschen umtreibt. Sein fester
Stand ermöglicht ihm, uns zu verstehen und zu
uns zu stehen.

Ich wünsche dir den Engel, der weise ist und
Gutes wie Böses hört, damit er dir das Geheimnis
des Guten und Bösen erschließt. Er stehe bei dir,

damit auch du nicht aus deiner Mitte geworfen wirst, sondern bei allem, was du erfährst in deinem Leben, deinen festen Stand in Gott behältst.

Lass dich verwandeln.

# In einem anderen Licht

In allen Situationen wünsche ich dir den Engel der Liebe. Halte deinem Engel der Liebe alles hin, was in dir ist, auch die Wut und den Ärger, auch die Eifersucht und die Angst, auch die Unlust und Enttäuschung. Denn alles in dir möchte von der Liebe verwandelt werden. Lass dich vom Engel der Liebe überallhin begleiten. Nimm ihn mit in deine Konflikte am Arbeitsplatz, in deine Auseinandersetzung in der Familie, in der Ehe oder Freundschaft.

Der Engel der Liebe ist kein frommer Zuckerguss, der auf alles gestreut wird, sondern er möchte dein Leben verwandeln. Er verbietet dir nichts. Er verbietet dir deinen Ärger nicht. Er verlangt nicht, dass du dich nicht verletzt fühlst. Er möchte nur, dass du alles, was du erlebst, von ihm durchleuchten lässt, dass du auch diese verletzten Gefühle in Frage stellen lässt von der Liebe. Dann wirst du deine Konflikte in einem anderen Licht sehen.

# Ein lauteres Herz

Ich wünsche dir in allen Situationen, wenn du dem Hass oder der Wut anderer Menschen ausgesetzt bist, einen Engel als Beistand, der dich schützt, damit diese negative Kraft dich nicht erreicht. Und auch wenn du selbst mit dem Feuer deiner eigenen Leidenschaft konfrontiert bist, wünsche ich dir einen einfühlsamen Begleiter: einen Engel, der dir zeigt, wie du mit dem Feuer, das in dir brennt, umgehen kannst, ohne daran zu verbrennen.

# Mitten im Feuer

Gerade in „brenzligen" und gefährlich überhitzten Situationen, wenn Emotionen „hochkochen", wünsche ich dir einen Engel. Jeder Mensch hat seinen Engel. Es ist etwas in ihm, das mit ihm hinabsteigt in das lodernde Feuer. Es ist etwas in ihm, das vor den Flammen des inneren Feuers bewahrt.

Jeder Mensch hat in sich einen Ort, von dem aus er das Feuer anschauen kann, ohne daran zu verbrennen. Man könnte diesen Ort das Gewissen nennen, von dem aus wir beurteilen können, was in uns vorgeht. Oder es ist das innere Selbst, das unverfälschte Bild Gottes in uns, das wahrnehmen kann, was in unserer Psyche vor sich geht, ohne davon bestimmt zu werden.

Die Geschichte von den drei Jünglingen im Feuerofen, von denen das Buch Daniel erzählt, sagt uns, dass es ein Engel ist, der mit uns zusammen ist, wenn wir in den Feuerofen unserer Emotionen geworfen werden. Und der Engel verwandelt das Feuer so, dass es wie ein taufrischer Wind erscheint.

Mitten im Feuer ist ein Ort in uns, der geschützt ist. Es ist der innere Raum der Stille, in dem der Engel bei uns ist, in dem Gott selbst in uns wohnt.

# Leben, statt gelebt zu werden

Ich wünsche dir den Engel der Selbstbeherrschung. Er möge dich begleiten, damit du dein Leben selber lebst und nicht von deinen Leidenschaften gelebt wirst oder dich von den
Erwartungen der anderen bestimmen lässt. Er
möge bei dir sein, wenn andere dich provozieren
wollen. Du sollst ihnen keine Macht über dich geben. Der Engel hilft dir, dass du dich selbst in der
Hand hast und dich nicht in ihre Hände begibst. Er
befreit dich von dem Zwang, dass du immer und
überall unter allen Umständen deine Emotionen
unterdrücken musst. Du darfst dich zeigen, wie du
bist. Aber du weißt auch, dass die Leidenschaften
dir dienen und nicht umgekehrt. Du bist in guter
Beziehung zu ihnen und vertraust darauf, dass sie
für dich sorgen und gut mit dir umgehen.

Der Engel der Selbstbeherrschung schenke dir
innere Freiheit und gebe dir das Gefühl, selbst leben zu können, statt von anderen gelebt zu werden.

## Was die Seele gut macht

Ich wünsche dir von Herzen den Engel der Güte.
Bitte ihn, dass er deine Seele verwandle, damit das
Gute in ihr herrsche, dass das Böse keine Chance
mehr in dir hat. Wenn der Engel der Güte deine
Seele gut gemacht hat, dann wird die Güte auch
aus dir hervorleuchten. Du wirst dich gütig verhal-
ten, gute Worte sprechen, warmherzige Worte. Die
Güte wird aus deinen Augen strahlen. Du kannst
deine Augen nicht selbst gütig machen. Du kannst
nur darauf vertrauen, dass der Engel der Güte alles
in dir gut macht, so dass alles in dir Güte aus-
strahlt: deine Augen, dein Sprechen, deine Gebär-
den, dein Händedruck.

So wünsche ich dir Engel, damit du mit deinem Sein, mit deinem Leib und deiner Seele Güte
verströmst und so auch das Gute in den Menschen hervorlockst.

# Sprühendes Leben, sprudelnde Quelle

Manchmal fühlen wir uns lebendig. Da strömt alles in uns. Da sprudeln die Worte nur so aus uns heraus. Da können wir eine ganze Gesellschaft anstecken. Da haben wir ganz verrückte Einfälle. Von solcher Ausgelassenheit springt der Funke meistens auf die andern über. Und es geht Freiheit davon aus. Die andern fühlen sich auf einmal auch frei genug, den eigenen Intuitionen zu trauen, dem Kind in sich zu trauen, das spielen möchte, ohne nach dem Zweck und Nutzen zu fragen.

Ich wünsche dir den Engel der Ausgelassenheit. Und ich wünsche dir, dass er dich in diese Freiheit des Kindes hineinführt und dass du mit allen deinen Sinnen das Leben und die Freiheit genießen kannst.

# In Gottes Hand

Den Engel des Glaubens wünsche ich dir, der dich
befreit von jedem Zwang, dir selbst zu beweisen,
dass du immer alles richtig machst. Wie oft meinen wir, unsere Daseinsberechtigung durch gute
Werke erkaufen zu müssen. Der Engel des Glaubens möge dich in die Welt Gottes hinein begleiten und den Schleier wegziehen, der über allem
liegt, damit du die tiefste Wahrheit deines Lebens
erkennst: die Wahrheit, dass Gott da ist, dass Gott
dich liebt, dass Gottes Liebe dich durchdringt und
dich einhüllt.

# Lass dich nicht enttäuschen

Ohne Hoffnung können wir unser Leben nicht führen. Ich wünsche dir, dass der Engel der Hoffnung dich bei deinem Bemühen begleitet, eine bessere Welt um dich herum zu schaffen. Du brauchst den Engel der Hoffnung, wenn alle um dich herum sich nur resigniert den Alltagsgeschäften widmen. Lass dich nicht von ihrer Enttäuschung anstecken. Traue der Hoffnung. Sie macht deine Seele weit. Sie gibt deiner Seele Auftrieb, dass sie sich ausrichtet auf das noch Ausstehende, wo wir uns in einem unüberbietbaren Sinn ganz zu Hause fühlen können. Paulus beschreibt das so: „Was kein Auge gesehen und kein Ohr gehört hat, was keinem Menschen in den Sinn gekommen ist: das Große, das Gott denen bereitet hat, die ihn lieben" (1 Kor 2, 9).

# Gib nicht auf

Der Engel der Geduld möge dein Leben und dein Bemühen begleiten – gerade in leidvollen Situationen, die schwer auszuhalten sind. Geduld haben heißt nicht, über alles hinwegzuschauen, was geändert werden kann und geändert werden sollte. Aber Geduld haben darf man auch mit sich selber und mit einer Situation, die nicht geändert werden kann und die eher heitere Gelassenheit erfordert.

Der Engel der Geduld möge auch dir beistehen, wenn du etwas zu dulden hast. Geduld heißt aber nicht, sich für immer mit dem Konflikt zu arrangieren oder faule Kompromisse zu schließen. In der Geduld steckt auch die Kraft, auf Veränderung und Verwandlung hinzuarbeiten. Aber in der Geduld hat auch die Zeit einen wichtigen Platz. Wir lassen uns und den andern Zeit, dass sich etwas wandeln kann.

Ich wünsche dir den Engel der Geduld, damit du nicht gleich aufgibst, wenn du vor schwierigen Situationen stehst, wenn etwas unlösbar erscheint.

Der Engel der Geduld möge dir die Kraft schenken, etwas durchzutragen, und das Vertrauen, dass Verwandlung geschehen wird.

# Verzichte und genieße

Die Ressourcen unserer Welt sind begrenzt. Wir
können nicht unbegrenzt konsumieren. Durch den
Verzicht müssen wir uns anpassen an die Realität
dieser Welt mit ihren begrenzten Möglichkeiten.
Ich wünsche dir den Engel des Verzichts. Er möge
dich in die Kunst des gesunden Lebens und in die
innere Freiheit einführen. Aber er möge deinen
Blick auch weiten auf die wirtschaftliche und poli-
tische Situation unserer Welt. Ohne deinen Bei-
trag werden die Mittel nicht für alle reichen.

Der Engel des Verzichts möge dich beides lehren: zu genießen, was dir an Gaben geschenkt ist,
und zu verzichten, um dich selbst innerlich frei zu
fühlen und um anderen den Genuss an dieser
Welt zu gönnen.

# Innere Freiheit

Wenn du im Verzicht einen Anspruch auf die dir zustehenden Dinge wie Essen, Trinken, Fernsehen usw. aufgibst, gewinnst du dich selbst. Du nimmst dein Leben selbst in die Hand.

Der Engel des Verzichtes möchte dich in die Kunst einführen, dein Leben selbst zu leben, frei über dich zu verfügen und so Lust an deinem Leben zu haben.

Ich wünsche dir, dass dich der Engel des Verzichtes in die innere Freiheit führt, dass er dich dazu befähigt, das, was du erlebst, wirklich zu genießen, dich ganz auf das einzulassen, was du gerade tust, mit allen Sinnen zu fühlen, was du gerade isst, was du gerade trinkst.

Du wirst spüren, dass der Engel des Verzichtes zugleich ein Engel der Freude und des Genusses ist, der dir gut tun wird.

# Nimm dich nicht zu ernst

Ich wünsche dir, dass der Engel des Humors dein ständiger Begleiter wird. Das erleichtert dein Leben: gelassen zu reagieren, wenn du dich über dich oder andere ärgern möchtest. Der Engel des Humors möge deine Seele mit Heiterkeit und Milde erfüllen. Er möge dich davor bewahren, dich selbst zu zerfleischen, dich zu entwerten und zu beschimpfen. Er lehrt dich das Lachen über dich selbst, nicht das zynische Lachen, sondern das Lachen des Glaubens, das alles Gegensätzliche in dir überbrückt und dich an den Punkt jenseits aller Gegensätze führt. Sigismund von Radecki nennt daher das Lachen „verkappte Religiosität".
Der Engel des Humors möge dich auch begleiten, wenn du mit anderen Menschen zusammen lebst und ihre menschlichen Schwächen wahrnimmst. Mach dir das Leben nicht schwer, indem du zu ernst nimmst, was dir an dir selbst nicht gefällt und was dir von den anderen her sauer aufstößt. Lass es sein! Schau hinter die Dinge!

# Ausgleich

Ich wünsche dir den Engel der Ausgeglichenheit. Ich wünsche dir, dass er über deine Seele wacht, dass er deiner Seele zu ihrer wahren Gestalt verhilft, dass er die Unebenheiten deiner Seele ausgleicht, damit du ausgeglichen durchs Leben gehen kannst, mit Gleichmut (aequo animo) und innerem Frieden. Dann wirst du auch ausgleichend wirken, wo immer du bist. Du wirst nicht spalten, sondern verbinden, nicht anheizen, sondern dämpfen, nicht Unterschiede schaffen, sondern Ausgleich.

# Der wichtigste Augenblick

Ich wünsche dir den Engel der Wachsamkeit. Er möge dich begleiten, damit du jeden Augenblick bereit bist, auf die leisen Stimmen deines Herzens zu hören und das zu tun, was gerade jetzt für dich ansteht. Und der Engel der Wachsamkeit soll bei dir sein, wenn sich dein Denken und Handeln einzutrüben beginnt durch die trüben Wasser, die in dein Haus eindringen möchten.

Ich wünsche dir den Engel der Wachsamkeit, damit du jeden Augenblick gleichsam als den letzten und wichtigsten Augenblick deines Lebens wahrnimmst, dass du ganz im Augenblick sein kannst, dass du ganz gegenwärtig bist. Dann bist du nicht nur im Augenblick, sondern auch in Gott, der der immer gegenwärtige Gott ist.

# Genieße die Ruhe

Ich wünsche dir von Herzen den Engel der Ruhe. Ich wünsche, dass er immer bei dir ist, dass er dich ausruhen lässt, wenn du wieder einmal in Hektik geraten bist. Aber du musst selbst Rast einlegen auf den vielen Wegstrecken deines Alltags, damit der Engel dich in die innere Ruhe führen kann. Wenn du dich so in die Hetze treibst, dass du den Engel der Ruhe neben dir übersiehst, dann hat er auch keine Chance, dir zu helfen. Deine Seele wird zur Ruhe kommen, wenn du mit dir selbst gut umgehst, wenn du aufhörst, dich selbst zu verurteilen, wenn du mit einem gütigen und milden Auge auf dich und deine aufgewühlte Seele schaust.

Ich wünsche dir den Mut, hinabzusteigen in die dunklen Abgründe deiner Seele. Wenn du auch dort das Licht von Gottes Liebe findest, dann hast du es nicht mehr nötig, vor dir selbst davonzulaufen. Dann kannst du bei dir bleiben und die Ruhe genießen. Der Engel der Ruhe wird dir dann bestätigen: „Lass dich los. Du darfst so sein, wie du bist. Ruhe dich erst einmal aus. Dann kannst du wieder ein Stück des Weges gehen, den du dir vorgenommen hast. Aber jetzt genieße die Ruhe. In ihr kommst du mit dir in Einklang. Wenn du mit dir im Einklang bist, dann bringt dich nichts mehr aus der Ruhe."

## Binde dich und werde weit

Ich wünsche dir nicht nur den Engel der Freiheit,
sondern auch den Engel der Verbindlichkeit. Er
möchte dir Mut machen, dich an eine Aufgabe zu
binden, wenn du ihren Sinn erkannt hast. Er begleitet dich, wenn du dich an einen Menschen ge-
bunden hast. Er wird dir zeigen, dass die verbindli-
che Beziehung, die du mit einem Menschen
eingegangen bist, dich nicht einengen sondern in
die innere Freiheit führen wird. Denn innerhalb
der Verbindlichkeit wirst du viele wertvolle Erfah-
rungen machen. Du wirst dich reiben mit deinem
Partner oder deiner Partnerin. Aber durch die Konflikte hindurch wirst du reifen und weit werden.
Du weißt, wie gut es dir selber tut, wenn sich ein
Mensch dir gegenüber verbindlich äußert oder
wenn er sich gar ein Leben lang an dich bindet.
Dann fühlst du dich geborgen und getragen, aber
zugleich auch herausgefordert und zum Leben
verlockt.

Ich wünsche dir, dass dir der Engel der Verbindlichkeit Mut schenkt, dich zu binden und dich

einbinden zu lassen. Und ich wünsche dir, dass du für andere zu einem Engel wirst, wenn du dich an sie und ihre Ziele bindest und ihnen so Hoffnung und Zuversicht für die Zukunft schenkst.

## Lerne zu warten

Ungeduld und Hektik – das sind keine Namen für Engel. Wohl aber Geduld. Den Engel der Geduld und des Wartens wünsche ich dir. Wachstum braucht Zeit. Alles, was schnell ins Kraut schießt, verdorrt auch wieder schnell.

Warten ist heute nicht selbstverständlich. Wir wollen die Lösung immer gleich sehen. Oft braucht es aber eine lange Zeit, bis eine Blume sich entfaltet. Wir brauchen für die eigene Entwicklung Geduld. Wir können uns selbst nicht sofort verändern. Verwandlung geschieht langsam und manchmal unmerklich. Viele möchten gleich Erfolg sehen, wenn sie sich etwas vorgenommen haben. Vor lauter Erfolgskontrolle übersehen sie, was langsam in ihnen heranreift. Sie hätten den Engel der Geduld bitter nötig, damit sie sich Zeit lassen für die inneren Prozesse.

Ich wünsche dir, der Engel der Geduld möge dich lehren, warten zu können und Verwandlung geschehen zu lassen.

## Bleibe beharrlich

Gerade in schwierigen Situationen wünsche ich
dir den Engel der Beharrlichkeit. Oft sind wir in
Gefahr, zu leicht aufzugeben, wenn wir vor einem
Berg von Arbeit stehen und nicht wissen, womit
anfangen.

Der Engel der Beharrlichkeit möge bei dir sein,
wenn du immer wieder an deine Grenzen stößt.
Gerade in unserer Zeit, da wir allzu leicht vor Wi-
derständen kapitulieren und alles möglichst
schnell erreicht werden soll, täte uns der Engel der
Beharrlichkeit gut. Lass dich nicht anstecken vom
Geist des „sofort". Lerne beharrlich zu werden,
lerne zu bleiben, übe dich in der Tugend des „Dran-
bleibens". Dann wird deine Seele innere Festigkeit
gewinnen. Und dein Leben wird gelingen.

# Du bist nicht allein

Ich wünsche dir im Alltag, gerade wenn das Leben immer schneller und hektischer wird, den Engel der Ausdauer. Er wird dir das Gefühl geben: Es ist möglich, dass sich in mir etwas verwandelt. Es macht Spaß, wenn ich mit Ausdauer an der Sache bleibe. Ich bin nicht einfach den Tatsachen ausgeliefert. Es lässt sich etwas tun. Und vertraue immer darauf, dass du nicht alleine bist. Wenn du aufgeben möchtest, schau dich um! Dann wirst du neben dir den Engel der Ausdauer sehen. Er wird nicht von dir weichen, bis dein Leben eine feste Grundlage bekommt, bis es Bestand hat und Dauer.

## Steh zu deinem Maß

Augenmaß ist die Kunst, sich an seinem Maß zu freuen. Wenn du dein Maß gefunden hast, dann kannst du dich voll Vertrauen einlassen auf das Leben. Dann entgehst du der Gefahr vieler Werbungen, die dir etwas verheißen, was deinen Horizont übersteigt. Viele geraten heute in die Falle solcher Versprechungen. Weil sie zu viel wollen, bekommen sie nichts.

Ich wünsche dir den Engel des Augenmaßes. Er möge dich vor solchen Fallen bewahren. Er möge dir die Freude an deinem Maß schenken und die Fähigkeit, zu deinem Maß zu stehen und der Versuchung des Übermaßes zu entgehen.

# Lebe intensiv

Ich wünsche dir den Engel der Lebenslust – jeden Tag. Lebenslust spürt, dass das Leben in sich schön ist. Es ist schön, gesund zu sein, seinen Leib zu bewegen. Es macht Spaß, frei durchzuatmen. Und es ist eine Freude, die täglichen Überraschungen des Lebens bewusst wahrzunehmen. Wer aber mit Unlust durch den Tag geht, lässt sich sogar durch einen wunderbaren Sonnenaufgang nicht von seiner verdrießlichen Stimmung befreien. Selbst ein Fest wird ihm dann nicht wirkliche Lust am Leben schenken.

Ich wünsche dir, dass dich der Engel der Lebenslust in die Kunst einführt, das Leben in vollen Zügen zu genießen, ganz im Augenblick zu sein, intensiv zu leben und dich an allem zu freuen, was dir Tag für Tag geschenkt wird.

# Dein weites Herz

Ich wünsche dir den Engel der Großmut. Er möge seine weiten Flügel über dich breiten und dich in Berührung bringen mit deiner eigenen Weite, mit dem großen Mut, den du in dir hast. Du hast ein weites Herz. Du hast in deinem Leben schon Großes erfahren. Lasse dich vom Engel der Großmut immer wieder an deinen langen Atem, an deine Großzügigkeit, an dein weites und großes Herz erinnern. Du wirst dich anders erleben. Du wirst dich freuen können an deiner inneren Weite. Und du wirst sehen, wie die Menschen um dich herum gerne eintreten werden in deinen großen Mut, in dein weites Herz.

# Bleib unbestechlich

Gerade in einer Zeit, die uns alle umgibt mit verführerischen Angeboten und die suggeriert, alles sei käuflich, wünsche ich dir den Engel der Unbestechlichkeit. Immer wenn du nicht deiner inneren Stimme folgst, sondern dich vom Angebot der Zuwendung, der Belohnung, der Auszeichnung verlocken lässt, verrätst du den Engel der Unbestechlichkeit.

Ich wünsche dir, dass der Engel der Unbestechlichkeit ein beständiger Begleiter deines Lebens bleibt, dass er dich sensibel macht, wo du in Gefahr bist, dich in deiner Seele verderben zu lassen. Bitte ihn, dass er dich immer unbestechlicher, klarer und eindeutiger macht. Dann wirst du aufrechter durch das Leben gehen.

# Genieße das Schweigen

Wir leben in einer Welt der Unruhe und der Überflutung durch alle möglichen Reize. Ich wünsche dir in dieser Situation den Engel des Schweigens. Es geht nicht um das äußere Schweigen. Es geht um ein Schweigen des Herzens. Und das besteht vor allem darin, dass wir nicht über andere urteilen. In diesem Schweigen ebbt auch der Lärm unserer Gedanken ab. Auf einmal sind wir frei für den Augenblick.

Ich wünsche dir, dass der Engel des Schweigens dir solche Augenblicke schenkt, in denen du ganz gegenwärtig bist und offen für den gegenwärtigen Gott. Nur wenn du schweigst, kannst du ganz im Augenblick sein. Sobald du das Denken anfängst, denkst du über etwas nach und verlässt den gegenwärtigen Augenblick.

Genieße das Schweigen, das dir dein Engel gewährt, und horche nach dem Gott, der dein Schweigen mit seiner Liebe füllen möchte.

# Gib Acht auf den Weg

Ich wünsche dir den Engel der Besonnenheit. Du brauchst Besinnung, um besonnen sein zu können. Wenn du auf den Engel der Besonnenheit in dir Acht gibst, dann wird er dich immer auf dem rechten Weg führen. Er wird dich davor bewahren, in Fallen zu tappen, die dir andere stellen. Er wird dir die richtige Entscheidung eingeben. Der Engel der Besonnenheit als klarer und sicherer Begleiter wird darauf achten, dass dein Leben gelingt, dass die Tugend der Besonnenheit dich tauglich macht für das Leben.

# Höre gut auf dich selbst

„Gehorchen" heißt keineswegs sich dem Willen eines anderen blind zu unterwerfen. Gehorsam bedeutet dem Wortsinn nach auch, gut auf sich
selbst zu hören und in sich Gottes Stimme zu er-
horchen. Wer dies tut, kann so leben, wie es seinem wahren Wesen entspricht. Ich wünsche dir
den Engel eines so verstandenen Gehorsams. Er
möge dich befreien von der Abhängigkeit von Lust
und Laune. Du sollst dich nicht einfach treiben lassen, sondern genau hinhören, was für dich stimmt
und wie du handeln und leben sollst. Ich wünsche
dir diesen Engel, der deine Ohren schärft und der
deinen Willen dafür bereitet, das zu tun, was die
Ohren deines Herzens gehört haben.

# Bezieh nicht alles nur auf dich

Es ist wichtig, sich zu erinnern und nicht zu verdrängen. Aber es ist auch wichtig, nicht an allem zu kleben, was die Vergangenheit einem angetan hat. Ich wünsche dir also den Engel des befreienden Vergessens. Er möge dich in die wahre Freiheit führen, in die Freiheit von den Fesseln des eigenen Ego. Wenn der Engel dich die Kunst des Vergessens lehrt, dann wirst du spüren, wie intensiv du alles wahrnimmst, was um dich herum ist, wie du auf einmal fähig wirst, zu genießen und den Augenblick auszukosten, das Leben selbst zu schmecken, ganz im Schmecken zu sein und so den Reichtum des Seins zu erahnen. Der Engel des Vergessens wird deine Seele an ihre eigentliche Bestimmung führen, dass sie sich selbst übersteigt in Gott hinein, dass sie sich selbst vergisst, um in Gott aufzugehen.

# Du bist gut, so wie Du bist

Ich wünsche dir den Engel der Heilung. Deine Wunden werden durch den Engel der Heilung zu einer Quelle des Lebens, zu kostbaren Perlen, wie Hildegard von Bingen sagt. Denn dort, wo du verwundet warst, dort wirst du offen sein für die Menschen um dich herum, dort wirst du sensibel reagieren, wenn sie von ihren Wunden erzählen. Dort wirst du selbst lebendig sein. Dort kommst du in Berührung mit dir selbst, mit deinem wahren Selbst.

Ich wünsche dir, dass dir der Engel der Heilung die Hoffnung schenkt, dass all deine Wunden heilen können, dass du nicht einfach von deiner Geschichte der Verletzungen definiert wirst, sondern dass du ganz in der Gegenwart leben kannst, weil dich deine Wunden nicht mehr am Leben hindern. Sie befähigen dich vielmehr zum Leben.

## Schmecke den Geschmack

Ich wünsche dir, dass dich der Engel der Weisheit begleitet, dass er dir die Augen öffnet, damit du dich bei dem Vielerlei, das du siehst, nicht verirrst und verwirrst, sondern das erkennst, worauf es eigentlich ankommt. Der Engel der Weisheit wird dich erziehen. Er wird dich nicht vor Fehlern bewahren. Er erzieht durch Versuch und Irrtum, um dir den Geschmack zu vermitteln für das, was dir wirklich gut tut. Aber den Geschmack des Lebens wirst du nur erkennen, wenn du ihn vom Geschmack des Todes unterscheiden kannst.

Ich wünsche dir den Engel, der dich weise werden lässt, der dich einverstanden sein lässt mit dem Leben, der dir die Augen öffnet für den Grund allen Seins, für die Liebe Gottes.

# Versteck dich nicht

Ich wünsche dir den Engel der Selbstbestimmung,
der dir in schwierigen Situationen zur Seite steht.
Immer wieder erleben wir solche Situationen, in
denen wir uns am liebsten verstecken würden
oder in denen wir darauf hoffen, dass andere die
Lage schon regeln werden. Scheu dich nicht, in einer solchen Situation deine eigene Stimme zu erheben, deiner Stimme und ihrem einmaligen
Klang zu trauen. Dein Engel, der dich begleitet,
will in dir zur Stimme werden, damit durch dich
ein Wort in dieser Welt vernehmbar wird, das Gott
nur in dir aussprechen kann. In dem vielstimmi-
gen Chor dieser Welt darf deine Stimme nicht feh-
len. Sonst wäre die Welt ärmer. Sonst würden die
vielen Stimmen nicht so schön zusammenklingen.

# Damit dein Leben „stimmig" wird

Dein Engel der Selbstbestimmung möge dich bei allem, was du tust, begleiten, damit du sensibel dafür wirst, wo andere über dich bestimmen und die Stimme deines Herzens immer mehr verstummen lassen. Und er möge dich immer wieder herausfordern, selbst über dich zu bestimmen, dein eigenes Leben zu leben, so wie Gott es dir zugedacht hat.

Der Engel stehe dir zur Seite, damit du selbst bestimmst, was für dich stimmt, damit dein Leben „stimmig" wird, damit es übereinstimmt mit der einmaligen Stimme Gottes, die nur durch dich in dieser Welt erklingen möchte.

## Frieden, Liebe, Glück

Ich wünsche dir den Engel des Friedens. Ein Engel des Friedens ist nicht nur für das Land verantwortlich, sondern er kümmert sich auch um deinen inneren Frieden. Er möchte dich davor bewahren, einen „faulen" Frieden zu schließen, einen billigen Kompromiss. Der Engel des Friedens will dir die Augen dafür öffnen, dass Frieden nur dort möglich ist, wo alle Beteiligten angemessen zu Wort kommen und ihre Bedürfnisse berücksichtigt werden. Ein Friede, der trägt, muss der Wahrheit Rechnung tragen. Und er kennt keine Sieger und Besiegten.

Der Friedensengel möge dir helfen, dass du mit dir in Einklang kommst. Und er möge für alle Menschen Frieden schaffen, einen Frieden, der zugleich Harmonie, Wohlklang, Wohlbefinden, Zufriedenheit, Freiheit, Liebe und Glück bedeutet.

# Bleib gelassen

Ich wünsche dir den Engel der Gelassenheit. Er möge dir auch in hitzigen und verbissenen Diskussionen zeigen, dass die Wahrheit nicht in der Richtigkeit der Worte und der Argumente liegt, sondern auf einer anderen Ebene. Wahrheit meint Stimmigkeit, Übereinstimmung mit der Wirklichkeit. Das, was wir für absolut wahr halten, ist oft nur Ausdruck unserer eigenen Projektionen. Wir machen uns Bilder von der Wahrheit, wir machen uns Bilder von Gott. Die Wahrheit selbst ist unbegreiflich. Sie lässt sich nicht definieren. Wer um die tiefste Wahrheit weiß, der geht gelassen in die Diskussion, nicht resignierend, weil wir die Wahrheit doch nicht erkennen können, sondern im Wissen darum, dass unsere Erkenntnis immer relativ ist, dass es immer verschiedene Standpunkte geben kann, dass die Wahrheit wohl in der Mitte der streitenden Parteien liegen wird.

Ich wünsche dir, dass der Engel der Gelassenheit dir hilft, in deinem Denken nicht allzu kopflastig zu sein und auch auf dein Herz zu hören.

# Denke mit dem Herzen

Den Engel der Klugheit wünsche ich dir, einer Klugheit, die auch eine Sache des Herzens ist. Denn der wirklich Kluge denkt nicht allein mit dem Verstand, sondern mit dem Herzen. Er ergreift beherzt die Gelegenheit, die sich ihm bietet. Und er sieht die feinen Unterschiede, die manchem groben Geist verborgen bleiben.

Klugheit ist die praktische Vernunft, die das Wissen umsetzt in ein Tun, das der Wirklichkeit angemessen ist. Das Vielwissen hilft wenig, wenn du nicht erkennst, was jetzt in diesem Augenblick richtig ist.

So wünsche ich dir diesen Engel, damit du in jedem Augenblick den Weg erkennst, der dich weiterführt, der dich hineinführt in größere Freiheit und Weite und Liebe.

# Wer ein Herz hat

Ich wünsche dir, dass dich der Engel der Barmherzigkeit lehrt, dein Herz zu öffnen für das Arme in dir und in den Menschen. Dein Herz wird dann wie ein Mutterschoß sein, in dem du selbst und andere heranwachsen können. In deiner Nähe werden dann auch andere mit ihrem Herzen in Berührung kommen und aufhören, sich unbarmherzig zu verurteilen. „Wer ein Herz hat, kann gerettet werden", sagt ein Mönchsvater aus dem 4. Jahrhundert. Wenn du ein Herz hast für das Arme und Schwache, dann wird dein Leben gelingen. Dann wird sich der Engel in dir freuen über die Barmherzigkeit, die dein Herz bewohnt.

# Fester Grund

Den Engel des Vertrauens wünsche ich dir. Von jeher haben die Menschen darauf vertraut, dass ein
Schutzengel sie begleitet. Diesen Schutzengel haben sie nicht nur in äußeren Gefahren, sondern
immer auch dann gerufen, wenn sie Angst hatten,
dass ihr Vertrauen missbraucht werden könnte,
wenn sie im Zweifel waren, ob sie diesem oder je-
nem vertrauen sollten. Ich wünsche dir, dass du
dich immer vom Engel des Vertrauens umgeben
weißt. Dann musst du nicht hundertprozentig genau wissen, ob du diesem Menschen gerade vertrauen kannst oder nicht. Du fällst nicht aus dem
Vertrauen heraus, selbst wenn jemand dich enttäuscht.

Der Engel des Vertrauens möge dich weiterhin
begleiten und dir immer wieder Mut machen, dir
selbst zu trauen und das Vertrauen auf Menschen
zu wagen. Vertrauen meint, dass ich mich auf etwas beziehe, was nicht in meiner Macht steht. Ich
wünsche dir einen Engel, der dein Vertrauen zum
Leben auf eine feste Grundlage stellt.

## Du bist ganz

Manchmal hast du vielleicht den Eindruck, dass dein Leben nur aus vielen Bruchstücken besteht, die du nicht zusammenbringst. Die jüdischen Mystiker haben gerade in ihrer Frömmigkeit und der Deutung eigenen Leidens die Erfahrung gemacht: „Nur ein zerbrochenes Herz ist ein ganzes Herz."

Ich wünsche dir den Engel der Erfüllung. Er möge dich einführen in das Geheimnis der Vollendung und dir zeigen, dass sich die vielen Bruchstücke deines Lebens zusammenfügen, dass sie eine vollendete Ganzheit ergeben, dass dein Leben ganz wird und heil, erfüllt und vollständig. Du bist nicht mehr hin- und hergerissen zwischen den widerstrebenden Wünschen und Bedürfnissen in dir. Du bist ganz. Du bist erfüllt.

# Hinab und hinauf

Wir brauchen bisweilen innere Stärke, um uns mit unserer Wahrheit auszusöhnen: dass wir von der Erde genommen sind, Menschen mit Fleisch und Blut, mit Trieben und ganz vitalen Bedürfnissen. Ich wünsche dir, dass dir der Engel der Demut den Mut schenkt, dich in deiner Erdhaftigkeit und Menschlichkeit anzunehmen und zu lieben. Dann wird von dir Hoffnung und Zuversicht ausgehen auf alle, denen du begegnest.

# Alles ist wertvoll

Den Engel der Achtsamkeit wünsche ich dir. Achtsamkeit in allem Tun, das gibt meinem Leben einen zarten Hauch. Da bin ich ganz gegenwärtig, ganz eins mit mir und den Dingen. Aber diese Achtsamkeit ist uns nicht einfach geschenkt. Sie muss täglich geübt werden.

Ich wünsche dir, dass dich der Engel der Achtsamkeit immer tiefer in die Kunst des Lebens einführt, damit du die Lust am Leben entdeckst und alles mit Aufmerksamkeit und Hochachtung tust, weil alles wertvoll, weil alles von Gott wunderbar geschaffen und von seinem Geist beseelt ist.

# Lebe dein Leben als Fest

Entschleunigung ist ein Programm zur Lebenskunst. Die Kunst, zu *sein*, ist die Kunst, intensiv zu leben. Probiere es einfach einmal, bewusst langsamer zu gehen, wenn du in der Arbeit von einer Bürotüre zur andern willst. Versuche, langsam und bewusst deine Tasse in die Hand zu nehmen. Zieh dich am Abend langsam aus. Du wirst sehen, wie dann alles zum Symbol wird, wie das Ablegen der Kleider zum Ablegen des Tages mit seiner Mühe werden kann. Versuche, dich morgens langsam zu waschen, das kalte Wasser zu genießen, das dich erfrischt. Und ziehe dich langsam an. So kannst du dich bewusst freuen über die Kleider, mit denen du dich für den Tag rüstest, mit denen du dich schmückst. Und du kannst Gott danken mit dem Psalm 139: „Ich danke dir, dass du mich so wunderbar gestaltet hast" (Ps 139, 13).

Ich wünsche dir den Engel der Langsamkeit, der dich zu einem bewussten und achtsamen Leben anleiten und dich in die Kunst einweisen möge, dein Leben als beständiges Fest zu feiern.

# Alles klärt sich

Du kennst sicher auch die Erfahrung, dass dir auf einmal klar geworden ist, was du tun sollst, was deine persönliche Berufung ist, wie dein Weg weitergehen sollte. Du hast klar erkannt, wie es um dich steht. Du hast dich selbst auf einmal verstanden. Vielleicht hast du lange über dich nachgegrübelt und bist nicht weitergekommen. Aber auf einmal kam so aus heiterem Himmel ein Lichtblick, der dir alles aufgeklärt hat. Da hat dich der Engel der Klarheit besucht und dir die Augen geöffnet für das Eigentliche. Oder du hast vor einer Entscheidung gestanden. Du hast lange nicht gewusst, wie du dich entscheiden solltest. So viele Gründe haben dafür und dagegen gesprochen. Es gab so viele Möglichkeiten, zwischen denen du wählen konntest, etwa bei der Berufswahl. Und auf einmal war dir ganz klar, was du in Angriff nehmen möchtest. Da hast du ganz deutlich den Engel gespürt, der in deinem zwiespältigen Herzen Klarheit geschaffen hat.

Oder du bist in eine Situation verwickelt worden, die völlig undurchsichtig war. Du hast nicht durchgeblickt, was da eigentlich gespielt wird. Und auf einmal hat sich dir alles aufgeklärt.

Ich wünsche dir eine solche Engelerfahrung in allen Situationen, die dich vor eine wichtige Entscheidung in deinem Leben stellen.

# Im Einklang mit dir selbst

Wenn du eine innere Zerrissenheit und Spannungen spürst, wünsche ich dir den Engel der Harmonie. Du wirst innere Harmonie erlangen, wenn du alles, was in dir ist an Gegensätzen, zusammenfügst. Du nimmst deine Gegensätze wahr. Du lässt sie zu. So zerreißen sie dich nicht mehr. Du ordnest sie zueinander. Du lässt jedem Bereich in dir seinen eigenen Klang. So kann alles zusammen klingen. So entsteht Harmonie in dir. Du bist mit allem, was in dir ist, im Einklang. Du musst nichts in dir verdrängen. Alles in dir darf mit seinem Klang tönen.

Der Engel der Harmonie möge dir jeden Tag von Neuem zeigen, wie du harmonisch mit dir selbst leben kannst, wie du in Übereinstimmung mit dir leben und im Einklang mit dir sein kannst.

# Ein Segen

Ich wünsche dir den Engel der Treue. Treue zeigt sich in Verlässlichkeit, in der Bereitschaft, zu einem andern sein Leben lang zu stehen, mit ihm alle seine Wandlungswege mitzugehen, ohne sich von ihm abzuwenden. Über solcher Treue liegt ein Segen. In solcher Treue spüren wir den Engel, der uns dazu befähigt. Denn wir können sie nicht aus uns selbst schaffen. Von solcher Treue fühlen sich Menschen mitten in der Unbeständigkeit unserer Welt gehalten und getragen. Da wissen sie, dass sie für einen andern wichtig sind. Und das hilft ihnen, ihren eigenen Wert zu sehen und zu sich zu stehen trotz aller Enttäuschungen.

Ich wünsche dir den Engel der Treue zu deiner Seite. Ich wünsche dir Menschen, die zu dir treu stehen, auf die du dich verlassen kannst. Und ich wünsche dir, dass der Engel der Treue auch dich befähigen möge, treu zu sein. Dann wirst du erfahren, wie du andern Menschen gut tust und wie du in der Launenhaftigkeit deines Herzens dein wahres Selbst findest.

# Sei nicht hart zu dir

Wer lebendig bleiben will, muss sich immer wieder wandeln. Was sich nicht wandelt, erstarrt. Engel sind Künstler der Verwandlung. Ich wünsche dir den Engel der Verwandlung, der dich davor bewahrt, stehen zu bleiben und eine lebendige Entwicklung nicht mehr zuzulassen. Der dich aber auch davor bewahrt, dass du hart mit dir umgehst. Viele meinen, sie müssten sich ändern. Doch im Ändern steckt oft viel Härte und Ablehnung gegen sich selbst. Ich muss mich ändern. Denn so, wie ich bin, bin ich nicht gut. Ich muss endlich meine Fehler loswerden, meine Empfindlichkeit, meine Angst, meinen Jähzorn. In solchem Verändern steckt die Sicht, dass all meine Fehler und Schwächen schlecht sind.

Der Engel der Verwandlung möge dir vermitteln, dass alles in dir gut ist, dass alles in dir sein darf.

Alles, was in dir ist, hat seinen Sinn. Aber es bedarf auch der Verwandlung.

# Neuer Schwung

Wann immer du seine Hilfe brauchst wünsche ich dir den Engel der Trauer. Immer wieder erleben wir, wie eine Beziehung zerbricht, wie wir vor dem Scherbenhaufen unseres eigenen Lebens sitzen. Wir sind gescheitert. All die Ideale, die wir verwirklichen wollten, haben sich als Illusionen herausgestellt. Jetzt sitzen wir da, enttäuscht, desillusioniert, ohne Schwung. Ein Mann meinte einmal nach einer zerbrochenen Beziehung, er fühle sich, als ob man ihm die Flügel abgeschnitten habe. Der Engel der Trauer möchte dich davor bewahren, flügellahm durchs Leben zu gehen. Er möchte dir neue Flügel geben, damit du dich in die Lüfte erheben und auf das Scheitern von oben herabsehen kannst. Er möchte dir neuen Schwung verleihen, dich den Aufgaben zu stellen, die jetzt für dich dran sind. Aber der Engel der Trauer kann dich nicht vor dem Schmerz bewahren, den jede Trauer für uns bedeutet.

Du musst dich dem Schmerz stellen. Aber du darfst gewiss sein, dass du nicht allein bist mit

deinem Schmerz, dass der Engel der Trauer dich
darin begleitet und dass er deinen Schmerz in
neue Lebendigkeit verwandeln wird.

Ich wünsche dir, dass dir der Engel der Trauer
Menschen schickt, die dir beistehen, wenn du sie
brauchst, die dich verstehen, die mit dir fühlen
und dir die Augen öffnen für das, was sich dir jetzt
als neue Möglichkeit eröffnet.

# Neue Freiheit

Viele Menschen durften nie wirklich das leben, was sie gerne gemocht hätten. Sie sind von den Eltern und Lehrern in eine Richtung gedrängt worden, die ihnen nicht gut tat. Oder sie erkennen schmerzlich, wie ihre Kindheit wirklich war, dass sie nie wirkliche Geborgenheit erfahren haben. Solche Erkenntnisse tun sehr weh. Sie müssen betrauert werden. Sonst bestimmen sie uns weiter und schleichen sich heimlich in all unser Denken und Tun ein. Wir merken dann gar nicht, warum wir in bestimmten Situationen so empfindlich reagieren oder so erstarren. Es ist die ungelebte Trauer über die Enttäuschungen, die uns das Leben bereitet hat. Der Engel des Trauerns lehrt uns nicht nur die rechte Trauer um Verstorbene.

Ich wünsche dir den Engel des Trauerns, der dir zur Seite stehen möge bei deinem Bemühen, Vergangenes und Ungeklärtes aufzuarbeiten und es hinter dir zu lassen und so zu neuer Freiheit, zu neuer Kreativität zu kommen.

## Trost der ganzen Welt

Wer einen Verlust erlitten hat, verliert sein Gleichgewicht. Wenn wir trauern, brauchen wir jemand, der uns stützt und unter die Arme greift, der uns gut zuredet und uns so wieder einen Sinn zu stiften vermag. Ich wünsche dir, dass dich in deiner Trauer auch ein Engel tröstet, dass er dir wieder Standfestigkeit verleiht, wenn du ins Wanken geraten bist, dass er dir gut zuredet, dass er gute Worte zu dir spricht, wenn du vor Schmerz sprachlos geworden bist, dass er dich in deiner Einsamkeit besucht und dir das Gefühl vermittelt, dass du nicht mehr allein bist, dass da ein Engel an deiner Seite steht, der alle Wege mit dir geht. Wenn du um den Engel des Trostes weißt, dann kannst du dich getrost deiner Trauer stellen, dann musst du sie nicht überspringen. Die getröstete Trauer wird dich nicht mehr lähmen, sondern dich tief in das Geheimnis deines eigenen Seins führen und in das Geheimnis Jesu Christi, der herabgestiegen ist in unsere Trauer als der „Trost der ganzen Welt".

# Lass los

Ich wünsche dir den Engel des Abschieds. Wir machen uns oft das Leben selber schwer mit alten Verhaltensmustern, etwa von dem Muster des Perfektionismus, der uns zwingt, alles zu kontrollieren, oder von dem Muster der Selbstverletzung, das uns dazu treibt, die Schuld immer bei uns zu suchen oder uns zu entwerten. Wenn du in solche einengenden Lebensmuster, die dir das Leben schwer machen, verstrickt bist, wünsche ich dir den Engel des Abschieds.

Der Engel des Abschieds möge dir helfen, dich von deiner Vergangenheit und von alten Lebensmustern zu verabschieden, damit du ganz im Augenblick leben kannst, damit du deine Möglichkeiten, die in dir sind, verwirklichen kannst, damit Neues und Ungeahntes in dir wachsen kann.

## Tu, was ansteht

Das Leben stellt dich immer wieder vor Aufgaben, die du gerade jetzt anpacken musst. Sonst ist es zu spät.

Ich wünsche dir in solchen Situationen den Engel des Mutes. Er kann dir helfen, gerade das in die Hand zu nehmen, was jetzt gefordert ist. Das könnte ein klärendes Gespräch sein, das in deiner Familie oder in deiner Firma ansteht. Das könnte das Anpacken eines Problems sein, das alle in deinem Betrieb vor sich herschieben. Das könnte ein Besuch sein, den du schon lange herausgezögert hast und um den du doch nicht herumkommst. Das könnte ein Brief sein, den du endlich schreiben müsstest, um eine Beziehung zu klären, um ein Missverständnis aufzuhellen. Es gibt so viele Situationen in deinem Alltag, in denen dir der Engel des Mutes beistehen möge, damit du gerade das tust, was jetzt angemessen ist.

# Türöffner

Die Apostelgeschichte ist voll von Engelgeschichten. Engel begleiten die Apostel auf ihrem Weg der Verkündigung. Engel sind immer dann zur Stelle, wenn es eng wird für die Jünger Jesu. Der Hohepriester lässt die Apostel ins Gefängnis werfen. „Ein Engel des Herrn aber öffnete nachts die Gefängnistore, führte sie heraus und sagte: Geht, tretet im Tempel auf, und verkündet dem Volk alle Worte dieses Lebens!" (Apg 5,19 f.) Wenn uns alle Tore verschlossen sind, wenn wir uns eingekerkert fühlen im Gefängnis unserer Angst, dann dürfen wir vertrauen, dass Gott auch zu uns einen Engel schickt, der uns die Türen öffnet. Der Engel führt uns aus der Enge in die Weite, aus der Angst ins Vertrauen, aus der Lähmung in das beherzte Handeln. So wünsche ich dir den Engel, der dir die Türen öffnet, damit du heraustrittst aus deinen inneren Zwängen und Mut findest, in aller Öffentlichkeit du selbst zu sein und für das zu zeugen, was dich im Herzen bewegt.

Geh deinen eigenen Weg.

## Dein Weg

Vor wichtigen Entscheidungen brauchst du Mut. Du hast nie die Garantie, dass deine Entscheidung absolut richtig ist. Es gibt für uns nie den absolut richtigen Weg. Trotzdem müssen wir uns an Wegkreuzungen entscheiden. Wir können nur einen Weg gehen, wenn wir weiterkommen möchten. Und jeder Weg wird irgendwann in einen Engpass führen, durch den wir hindurchmüssen, damit unser Leben weit werden kann. Nur dein ganz persönlicher Weg wird dich wachsen lassen und zum wahren Leben führen. Auf diesem persönlichen Weg möge der Engel des Mutes dir zur Seite stehen und dich das Richtige tun lassen.

# Halt dich nicht fest

Ich wünsche dir den Engel des Loslassens. Viele klammern sich an ihrem eigenen Image fest, andere halten sich an ihren Gewohnheiten fest oder an ihrem Besitz, an ihrem Ruf, an ihrem Erfolg. Wichtig ist aber etwas anderes: Die Kunst, dich loszulassen, dich dem Leben, dich letztlich Gott zu überlassen. Ich kann mich nur überlassen, wenn ich darauf vertraue, dass ich nicht der Willkür in die Hände falle, sondern einem Engel, der es gut mit mir meint. Wer sich seinem Engel überlässt, der wird frei von unnötigen Sorgen, mit denen sich heute viele zermartern. Er wird frei von dem Kreisen um sich und seine Gesundheit, um seine Anerkennung und seinen Erfolg. Der Engel möge dir die Kraft des Vertrauens und eine große innere Freiheit schenken.

## Mit allem eins

Ich wünsche dir, dass du Alleinsein nicht als Ver-
einsamung, sondern als Heimat, als Daheimsein
erfährst. Daheim sein kann man nur, wo das Geheimnis wohnt.

Der Engel des Alleinseins möge dich einführen
in das letzte Geheimnis, das unsere Welt durch-
waltet: Da bist du niemals einsam, da bist du
wahrhaft daheim. Dieses Geheimnis, das alles um-
fasst, schenkt dir eine Heimat, die dir kein Mensch
mehr rauben kann.

# Ganz für dich

Ich wünsche dir den Engel des Alleinseins, und ich wünsche dir, dass er dich in eine fruchtbare Einsamkeit hineinführt, in die Einsamkeit, in der du dich so erkennst, wie du wirklich bist, in der du dich nicht interessant machen kannst, sondern mit deiner Nacktheit konfrontiert wirst. Wenn du den Mut findest, allein zu sein, kannst du auch entdecken, wie schön es sein kann, einmal ganz für sich zu sein, nichts vorweisen, nichts beweisen, sich nicht rechtfertigen zu müssen. Da kannst du vielleicht die Erfahrung machen, dass du ganz und gar mit dir eins bist.

# Damit Neues wächst

Ich wünsche dir den Engel der Risikobereitschaft, damit Menschen durch dein Vertrauen neue Möglichkeiten entdecken. Die Welt wird dir dankbar sein, wenn du etwas Neues wagst, wenn du nicht erst die ganze Welt um Erlaubnis fragst, deine Ideen in die Tat umzusetzen. Denn dass das Alte nicht taugt, das erleben wir Tag für Tag. Jeder wartet darauf, dass der andere einen falschen Schritt tut. Dann kann man ihn kritisieren. Aber keiner wagt den ersten Schritt. So tritt man auf der Stelle. Man liegt auf der Lauer, die Fehler bei andern zu suchen, anstatt selbst einen Fehler zu riskieren.

Ich wünsche dir, dass dich der Engel des Risikos zur Freiheit ermächtigt, auch Fehler zu wagen, um dir und den Menschen neue Wege zu erschließen.

# Zärtlicher Blick

Der Undankbare bekommt nie genug. Der Dank-
bare sieht mit zärtlichem Blick auf die Welt und
auf sein Leben. Ich wünsche dir den Engel der
Dankbarkeit. Er schenke dir neue Augen, um die
Schönheit in der Schöpfung bewusst wahrzunehmen und dankbar zu genießen, die Schönheit der
Wiesen und Wälder, die Schönheit der Berge und
Täler, die Schönheit des Meeres, der Flüsse und
Seen. Du wirst die Grazie der Gazelle bewundern
und die Anmut eines Rehs. Du wirst nicht mehr
unbewusst durch die Schöpfung gehen, sondern
denkend und dankend. Du wirst wahrnehmen,
dass dich in der Schöpfung der liebende Gott be-
rührt und dir zeigen möchte, wie verschwende-
risch er für dich sorgt.

## Sei einverstanden mit dem, was ist

Wer dankbar auf sein Leben blickt, der wird einverstanden sein mit dem, was ihm widerfahren ist. Er
hört auf, gegen sich und sein Schicksal zu rebellie-
ren. Er wird erkennen, dass täglich neu ein Engel in
sein Leben tritt, um ihn vor Unheil zu schützen
und ihm seine liebende und heilende Nähe zu vermitteln. Versuche, mit dem Engel der Dankbarkeit
durch die kommende Woche zu gehen. Du wirst
sehen, wie du alles in einem andern Licht erkennst, wie dein Leben einen neuen Geschmack
bekommt.

# Werde ganz du selbst

Wahrhaftig nennen wir einen Menschen, der in sich echt und stimmig ist. Ich wünsche dir den Engel der Wahrhaftigkeit, damit du ganz so sein kannst, wie du im Grunde deines Wesens bist, dass du die Menschen um dich herum zur Wahrheit befreien kannst. Wahrheit heißt ja auch: Übereinstimmung von Gegenstand und Erkenntnis, von Sache und Vernunft.

Ich wünsche dir, dass du ganz und gar übereinstimmst mit dir und mit der Wirklichkeit deines Lebens.

# Wohin der Weg dich führt

Ich wünsche dir den Engel, der dir Hoffnung schenkt, damit neue Möglichkeiten des Miteinanders, ein neuer Umgang mit der Schöpfung und neue Phantasie in der Politik und Wirtschaft aufblühen können.

Das Aufsprengen von inneren Blockaden, die Öffnung von Verschlossenheit, das Aufgeben von alten Gewohnheiten und Besitzständen: Das alles eröffnet uns die Möglichkeit, zu neuen Lebensweisen und Lebensabschnitten aufzubrechen.

Oftmals wirst du zögern, weil du nicht weißt, wohin der Weg dich führen wird. Ich wünsche dir, dass der Engel des Aufbruchs dir in einer solchen Situation zur Seite steht und dir Mut für deinen eigenen Weg zuspricht:

„Denn Engel wohnen nebenan,
Wohin wir immer ziehn –" (Emily Dickinson).

# Sammle die Sonne im Herzen

Manchmal scheint unsere Welt vom Fortschritts-
wahn wie betäubt. Und manchmal gibt es einen
Konservatismus, der nur Angst vor Veränderung
ist. Bewahren meint nicht die Flucht vor der Gegenwart. Wer aber nicht bewahren kann, der
braucht immer neuen Trost, neue Nahrung, neue
Erlebnisse, um sich überhaupt am Leben zu spüren. Die Fähigkeit zu bewahren hält mich auch
dort lebendig, wo ich vom Leben abgeschnitten
bin, in Situationen des Scheiterns, in Situationen
der Erstarrung.

Ich wünsche dir, dass dich der Engel des Be-
wahrens dazu befähigt, in jedem Augenblick intensiv zu leben. Er möchte dir die Fähigkeit von
Frederik schenken, von dem eine Kindergeschichte
erzählt, dass er im Sommer Sonnenstrahlen und
die Buntheit der Blumen in seinem Herzen sam-
melte, um im Winter davon leben zu können.

# Glaub an die Kraft in dir

Es ist bequemer, sich als Opfer zu fühlen, als für sich selbst Verantwortung zu übernehmen. Der Engel, der uns begleitet, hindert uns daran, in der Opferrolle zu bleiben. Er wälzt den Stein von unserem Grab, damit wir nun selbst aufstehen und uns dem Leben stellen.

Ich wünsche dir einen Engel, der dich in Berührung mit der eigenen Kraft bringt. Ein solcher Engel ist nicht nur außen, sondern auch innen. Manchmal brauchen wir Menschen als Engel, die uns den Stein vom Grab wegrollen und uns Mut machen aufzustehen. Aber aufstehen müssen wir dann selbst. Da heißt es, der Kraft zu vertrauen, die der Engel in uns hervorruft, einer Kraft, die in uns selber ist.

## Liebe und Freude

Das Tor des Todes werden wir nicht allein durchschreiten, sondern in Begleitung unseres Engels.

Johann Sebastian Bach schließt die Johannespassion mit dem tröstlichen Choral:

> Ach Herr, lass dein' lieb' Engelein
> Am letzten End' die Seele mein
> In Abrahams Schoß tragen;
> Den Leib in sein'm Schlafkämmerlein,
> Gar sanft, ohn' ein'ge Qual und Pein,
> Ruh'n bis am Jüngsten Tage!
> Alsdenn vom Tod errette mich,
> Dass meine Augen sehen dich
> In aller Freud', o Gottes Sohn,
> Mein Heiland und Gnadenthron!
> Herr Jesu Christ, erhöre mich,
> Ich will dich preisen ewiglich.

Viele tun sich schwer mit dieser Sprache. Doch die Nahtodeserlebnisse vieler Menschen lassen uns diese Worte in einem neuen Licht erscheinen. Gottes Engel werden uns im Tod geleiten und in Gottes liebende Hände hineintragen. Kinder haben mit dieser Vorstellung keine Probleme. Sie leben in der Welt der Engel. Und sie sind überzeugt, dass ihr Engel sie auch im Tode in Abrahams Schoß tragen werde, dass sie im Tod in Gottes mütterliche Arme hinein sterben werden. Der Tod hat etwas mit Geburt zu tun, mit einem mütterlichen Schoß. Dort werden wir für immer die Geborgenheit erfahren, die wir hier ersehnen, die wir hier zwar immer wieder erleben dürfen, die aber zugleich auch brüchig und vergänglich ist. Ich wünsche dir das Vertrauen in Gottes Engel, der uns die Zuversicht schenkt, dass wir im Tod für immer im mütterlichen Schoß Gottes ruhen und im Blick auf Gottes Liebe ewige Freude genießen werden.

# Sanft geborgen

Es gibt ein schönes Bild eines alten Meisters um das Jahr 1200, auf dem die beiden Erzengel Rafael und Gabriel in einem Tuch eine abgeschiedene Seele in den Himmel tragen. Es ist ein Trostbild für kranke und sterbende Menschen. Sie werden nicht in das Dunkel des Todes fallen, sondern von liebenden Engeln sanft in den bergenden Schoß Gottes getragen.

Ich wünsche dir schon jetzt die starke Hoffnung und das Vertrauen darauf, dass du auch im Tod nicht ohne Hilfe bist und dass Gott seine Engel senden wird, dass sie dir helfen, wenn du dir selber nicht mehr helfen kannst.

# Weit und frei

Das frühe Mönchtum schwärmte vom engelgleichen Leben, von der „vita angelica". Die Mönche wollten jetzt schon leben, was Jesus uns nach dem Tod verheißen hat: „Nach der Auferstehung werden die Menschen nicht mehr heiraten, sondern sein wie die Engel im Himmel." (Mt 22,30) Das Bild des Engels, der in sich ruht und ganz und gar auf Gott ausgerichtet ist, faszinierte die Mönche. Sie verzichteten nicht auf die Ehe, weil sie Angst hatten vor ihrer Sexualität, sondern weil sie teilhaben wollten am Leben der Engel. Sie wollten wie die Engel frei sein in irdischen Bindungen. Sie wollten die Weite und Freiheit der Engel erfahren und zugleich ihr Sein in Gott. Die Engel verwiesen sie auf die Erfahrung, die Teresa von Avila in die Worte kleidete: „Gott allein genügt."

# Himmlische Herrlichkeit

Im letzten Buch der Heiligen Schrift, der Offenbarung des Johannes, wirft der Seher einen Blick in die himmlische Herrlichkeit: „Ich sah und ich hörte die Stimme von vielen Engeln rings um den Thron und um die Lebewesen und die Ältesten; die Zahl der Engel war zehntausend mal zehntausend und tausend mal tausend." (Offb 5, 11) Die Engel bilden hier gleichsam den göttlichen Hofstaat. Sie drücken die unbeschreibliche Herrlichkeit Gottes aus. Sie sind Bild für die Schönheit, die Gott umgibt, aber auch für seine Majestät und Größe. Es sind unendlich viele Engel. Sie laden uns ein, gemeinsam mit ihnen das Lob Gottes zu singen. Wenn ich mir vorstelle, dass ich bei jedem Gottesdienst gemeinsam mit ihnen Gott lobsinge, dann öffnet sich für mich ein Fenster zum Himmel. Dann erlebe ich mich anders. Ich weiß mich getragen von ihrem Gesang. Ich bin eingetaucht in ihr Gebet, das niemals aufhört. Das nimmt meinem eigenen Beten den Druck, immer andächtig sein zu müssen. Ich kann mich fallen lassen, weil das Gebet der Engel mich umgibt und trägt.

# Quellenhinweise

Die in diesem Buch versammelten Texte sind zum Teil neu geschrieben und für den Zusammenhang dieses Buches zum Teil auch da neu gefasst, wo sie anderen Publikationen entnommen sind. Sie beziehen sich auf folgende Bücher von Anselm Grün:

Grenzen achten – Grenzen setzen (S. 56, 93)

50 Engel für das Jahr (S. 52, 66, 87 f., 92, 98, 100–104, 106, 112 f., 120, 126, 132, 142, 156–158, 160–162, 164–166, 169–171, 173, 176–185)

50 Engel für die Seele (S. 45, 49, 57, 60, 63 f., 67–71, 73–75, 79, 85 f., 89, 125, 127 f., 131, 134, 136–139, 143–148, 152–154)

Jeder Mensch hat einen Engel (S. 39–42, 50, 61, 91, 121, 186–189)

Buch der Lebenskunst (S. 43 f.)

Buch der Sehnsucht (S. 24 f.)